KB067136

골프 초보자가
가장 알고 싶은
최다질문
TOP63

'심짱'과 함께라면 골프가 쉽고 재미있다!

골프 초보자가 가장 알고 싶은 최다질문 TOP63

심짱 지음

메이트북스

메이트북스 우리는 책이 독자를 위한 것임을 잊지 않는다.
우리는 독자의 꿈을 사랑하고,
그 꿈이 실현될 수 있는 도구를 세상에 내놓는다.

골프 초보자가 가장 알고 싶은 최다질문 TOP 63

초판 1쇄 발행 2021년 11월 25일 | **초판 2쇄 발행** 2022년 10월 1일 | **지은이** 심짱
펴낸곳 (주)원앤원콘텐츠그룹 | **펴낸이** 강현규 · 정영훈
책임편집 안정연 | **편집** 박은지 · 남수정 | **디자인** 최정아
마케팅 김형진 · 정호준 | **경영지원** 최향숙 | **홍보** 이선미 · 정채훈
등록번호 제301-2006-001호 | **등록일자** 2013년 5월 24일
주소 04607 서울시 중구 다산로 139 랜더스빌딩 5층 | **전화** (02)2234-7117
팩스 (02)2234-1086 | **홈페이지** www.matebooks.co.kr | **이메일** khg0109@hanmail.net
값 19,000원 | **ISBN** 979-11-6002-358-9 13690

골프에서 50%는 멘탈,
40%는 셋업,
그리고 나머지 10%는 스윙이다.

• 잭 니클라우스(골프 레전드, 개인 통산 117승) •

들어가며

골프유튜버가 책을 썼다고?

심짱은 골프유튜버로 많이 알려져 있는데요, 이번에 골프책을 내게 되었습니다. 골프는 글로 설명하는 것보다 영상이 훨씬 좋을 듯한데 왜 책을 내게 됐을까요?

사실 심짱도 '골프는 영상이 더 좋을 수 있다'고 생각합니다. 하지만 모든 것이 그렇다고 말할 수 있는 것은 아니더군요.

그 예로 골프용어를 설명할 때는 영상보단 글이 더 좋을 수 있습니다. 또한 골프를 시작하는 골퍼는 다양한 궁금증이 있을 것인데, 주변에 물어보기엔 너무 기초적인 것도 있을 수 있습니다. 게다가 주변에 골프를 하는 분들이 많아 나의 골프 궁금증을 계속 답변해줄 수 있다면 정말 좋겠지만 현실은 그렇지 못하죠. 그래서 골린이라면 계속해서 유튜브나 다양한 미디어를 찾아봐야 하는데요, 수많은 영상 중 내가 궁금해하는 부분을 찾는 데도 시간이 많이 걸리기 마련입니다.

그래서 골프유튜버인 심짱이 영상으로 표현하지 못하는 다양한 내용을 골프를 시작하는 분들을 위해 아주 기초부터 현실적인 골프에 이르기까지 이 책에 담았습니다. 이 책은 멋진 골프스윙을 가르쳐주기보다 내가 어떡하면 골프스윙을 효과적으로 빠르게 배울지 알려주고, 골프를 하면서 궁금해할 수 있는 다양한 궁금증을 해결해주는 길라잡이 책이라 보면 됩니다.

심짱이 생각하는 골프는 '즐기는 골프'입니다. 골프의 세계에 들어섰다면 골프를 즐길 줄 알아야 합니다.

우리는 프로가 되기 위해 골프를 하는 것이 아니라 주변인들과 즐기기 위해서 골프를 배우는 것이죠. 그런데 우리는 프로가 되기 위한 레슨을 받고, 절대 할 수 없는 동작들을 프로선수처럼 배우고 있는 모습을 많이 봅니다. 우리가 할 수 있는 범위를 잘 알고 골프를 배워야 합니다.

무엇보다 골프를 즐기기 위해서라면 공을 치면서 경치를 볼 수 있는 여유를 갖고 지인들과 시간을 즐겁게 보낼 수 있어야 합니다. 그래서 이 책에는 레슨 관련 내용이 기본적으로 많이 있겠지만 그 외에도 다양한 골프 이야기를 담았습니다. 심짱이 생각하는 즐거운 골프에 대해서도 이야기하고, 아주 작은 에피소드들도 함께 이야기하면서, 이 책 한 권을 읽는 것만으로도 골프에 대한 즐거움을 느낄 수 있도록 했습니다.

심짱은 골퍼의 성장스토리를 생각하면서 이 책에 내용을 정리했습니다. 골프에 관심이 있는 골린이들이 골프 입문을 보다 쉽게 할 수 있도록 1장과 2장에서 필수지식과 용품 궁금증 등 현실적인 내용들을 정리했습니다. 이후 골프를 배우면서 겪는 다양한 스윙의 문제점과 필드에서의 스윙 팁을 3장부터 5장까지 정리하고 해결 방안을 제시했으니 스윙의 어려움을 겪는 초보 골퍼뿐만 아니라 필드에서 좋은 스코어를 내고 싶은 골퍼들에게도 큰 도움이 될 것입니다. 마지막 6장은 심짱의 20년간 골프 경험을 바탕으로 우리가 골프를 하면서 중요하게 생각해야 하는 것들을 정리해 여러분들께 안내했으니 골퍼를 좋아하는 그 누구라도 내용을 잘 음미해보기 바랍니다.

심짱

차례

1장 골린이가 가장 궁금해하는 골프 필수지식

2장

골린이가 너무나 알고 싶은 골프용품 궁금증들

3장

골린이를 위한 기초 골프스윙 연습법

4장 골린이들이 가장 많이 호소하는 골프스윙의 문제점

5장

백돌이 탈출을 위한 필드에서의 골프스윙 팁

6장 심짱이 오래 골프를 하고 고수들을 만나 내린 결론

'골프 초보자를 위한 심짱의 동영상 강의' 차례

골프 초보자들이 꼭 알아야 하거나 이해하기 어려운 내용에는 동영상 강의를 더했습니다. 독자들의 이해를 돕기 위한 저자의 동영상 강의도 놓치지 마세요!

질문 TOP 42

타핑이 난다면? 223

질문 TOP 46

필드에서의 에이밍 방법 240

질문 TOP 47

그린을 읽기 위한 팁 244

질문 TOP 48

롱퍼팅 잘하는 연습법 248

질문 TOP 51

벙커 탈출을 위해 중요한 것 258

질문 TOP 52

필드의 경사에서 스윙하는 법 263

질문 TOP 53

스윙을 좋게 만드는 프리샷루틴 268

골프에 관심을 갖기 시작한 사람들은 다양한 궁금증이 있을 것입니다. 골프를 배우고 싶은데, 그냥 주변 골프연습장을 등록하면 골프의 모든 것을 배울까요? 그렇지 않습니다. 골프연습장도 종류가 있고, 몇 개월을 배우고 필드에 나갈 수 있는 것인지, 필드를 가기 위해 무엇이 필요한지, 필드를 가기 위해 알아야 할 것이 무엇인지 등 이런 다양하고 디테일한 궁금증은 누군가에게 쉽게 물어보기가 참 애매합니다. 그렇다고 이런 것들을 인터넷에서 찾아보기에는 너무 많은 시간이 걸리기도 합니다. 그래서 1장은 골프를 처음 시작하는 골퍼들이 꼭 알아야만 하는 내용과 대표적인 질문에 대한 답을 정리해 알려드립니다.

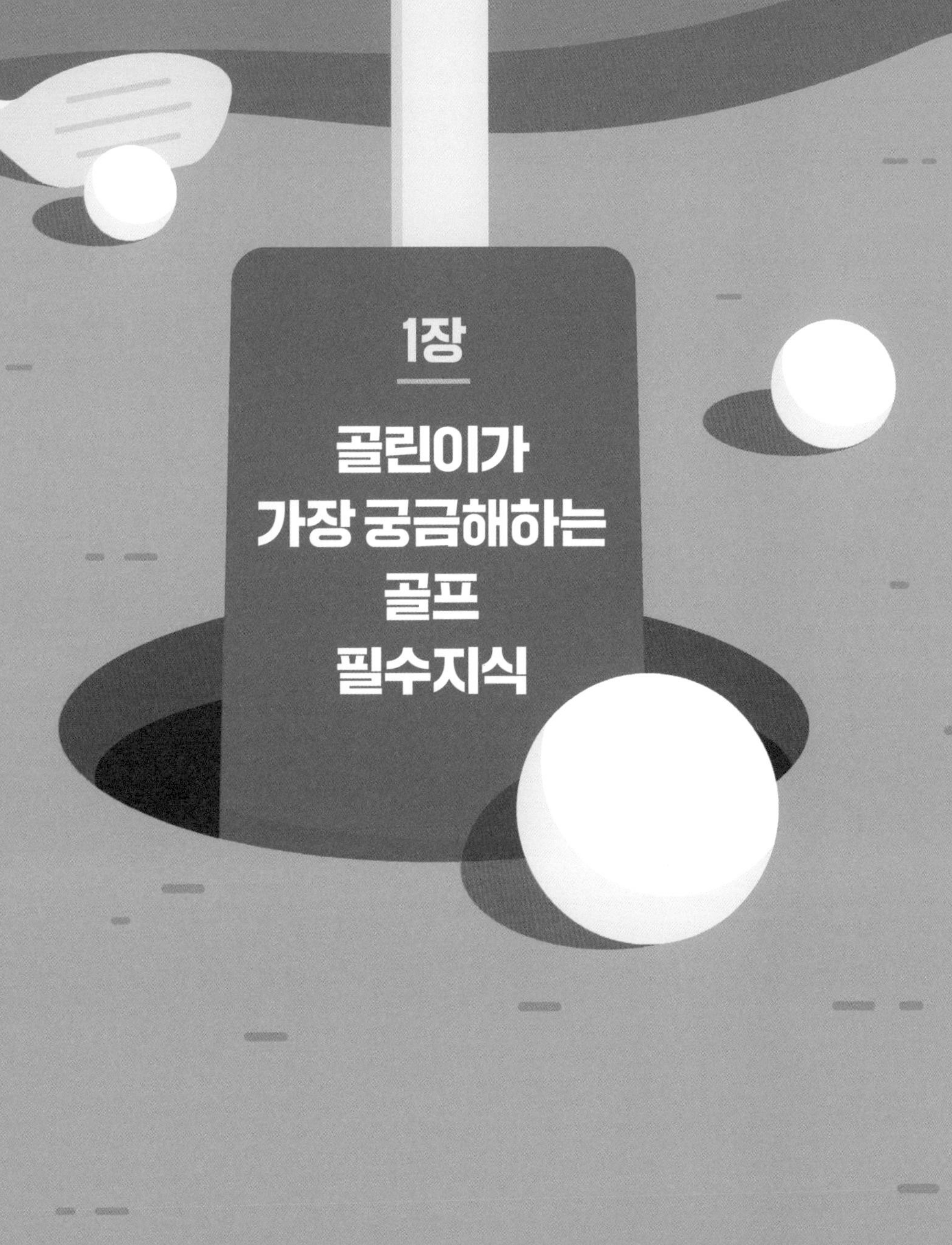

1장

골린이가 가장 궁금해하는 골프 필수지식

골프의 매력은 뭔가요? 또 어려운 점은 뭔가요?

 우리는 왜 골프에 빠지는 걸까?

요즘 취미로 골프를 하시는 분들이 주변에 많이 생겨나고 있습니다. 남녀노소 그리고 직업군에 관계없이 많은 분들이 골프를 즐기고 있습니다. 도대체 어떠한 매력이 있기에 점점 많은 사람들이 골프에 입문할까요? 골프라는 운동이 가진 매력에 대해 골프 인생 20년인 심짱의 경험으로 이야기해보겠습니다.

아마추어들이 취미로 골프를 시작하는 데는 개개인마다 여러 가지 이유가 있을 것입니다. 그중 의외로 많은 사람들이 이야기하는 것은 "골프를 남들이 해서 나도 골프를 시작한다"입니다. "직장에서 골프모임을 한다고 해서" "내 친구들과 골프모임을 하기 위해" "가족과 골프를 즐기기 위해" 등 의외로 남들이 하니까 또는 남들이 시켜서 골프를 시작하는 경우가 의외로 많습니다.

바로 골프는 이런 운동입니다. 혼자서는 하지 못하는 운동입니다. 그러하기에 주변의 아는 사람들에게 골프를 권하고, 골프로 함께 즐거운 시간을 보냅니다.

사실 많은 운동 중에서 서로 이야기를 하면서 할 수 있는 운동은 손에 꼽습니다. 골프는 운동을 즐기면서 서로 이야기를 나눌 수도 있기에 지인들과도, 가족들과도, 그리고 비즈니스에도 필요한 운동으로 많이 알려져 있는 것이지요. 사람들과 함께 이야기하면서 운동하는 것, 바로 이것이 골프의 최고 매력 중 하나입니다.

골프가 운동이 될까?

컵(Cup)
그린 위에 있는 홀

'골프란 운동이 내 몸을 위해 어떤 도움이 될까'라는 생각도 할 수 있을 것입니다. 어떤 분들은 도움이 된다고 하고, 어떤 분들은 의외의 부상이 있다고 하는데, 도대체 골프는 어떻게 운동이 될까요?

골프는 뛰는 운동은 아닙니다. 걸어 다니면서 또는 카트에 타고 다니면서 공을 쳐 홀컵*에 넣는 운동이죠. 운동적으로 보면 걷는 운동 이외에 아무것도 없어 보입니다.

하지만 여러분들이 한 번의 좋은 스윙*, 좋은 샷*을 만들기 위해 연습장에서 매일 스윙폼을 연습하고 공을 몇 백 개씩 치게 되면 한 번도 써보지 않은 근육들이 움직이게 되고, 땀이 줄줄 흐르게 됩니다. 그리고 골프를 잘하려면 유연성과 순발력이 필요하다는 것도 느끼게 됩니다.

스윙(Swing)
클럽을 휘두르는 동작

샷(Shot)
클럽으로 공을 치는 것. 퍼터로 공을 치는 것은 퍼팅이라고 함

골프장에서는 4시간 이상 걸으면서 샷을 하는 지구력과 집중력이 필요하고, 연습할 때는 스윙을 반복할 수 있는 근력과 유연성 그리고 순발력이 필요합니다. 그렇기 때문에 골프는 분명히 '운동'이 됩니다.

골프에서 어려운 것들, 미리 알아보자

주변에서도 많이 하고(혹은 권하고) 운동으로도 나름 괜찮은 듯해서 골프를 시작하면, 결코 쉬운 운동이 아니라는 것을 금방 알게 됩니다. 내가 한 번도 쓰지 않은 근육들을 지속적으로 반복적으로 사용하기에 근육의 피로도가 생각보다 많이 옵니다. 그러면 작은 부상이 줄줄이 오기도 합니다. 대표적으로 허리, 팔꿈치, 손목 등 다양한 곳에 부상이 생기죠. 사실 골프하면서 안 아픈 사람이 없을 정도입니다.

비거리
공이 날아간 거리. 공이 지면에 맞아 처음 바운드된 거리인 '캐리 거리'와 굴러간 거리인 '런'까지를 합한 거리임

그리고 골프스윙은 참으로 쉽지 않습니다. 아무리 연습을 많이 해도 생각처럼 쉽게 내가 원하는 동작이 잘 나오지 않고, 비거리*와 방향성이 기대 이하로 나오게 됩니다.

이 모든 것은 결국 몸에 '힘'이 들어가서 문제가 되는 것입니다. 하지만 몸에 힘을 빼려면 많은 연습이 필요하죠. 힘을 뺀다는 것! 이것은 오직 골프에서만의 문제는 아니죠. 모든 운동, 모든 동작이 처음 배울 때는 힘이 무조건 들어가게 마련입니다.

골프가 이토록 힘들지만, 앞에서도 얘기했듯이 골프는 단순히 골프스윙을 잘하는 것만이 중요한 것이 아닌 다른 사람들과 함께 운동을 한다는 것이 중요합니다. 사람들과 어울려 다양한 골프 관련 이야기를 하고, 골프스윙에 대해 이야기하면서 '어려운 골프'를 '즐기는 골프'로 만들고 싶은 것이 심짱의 마음입니다. (동영상으로 모두 설명할 수 없는 골프의 다양한 이야기를 이 책에서 심짱이 유쾌하게 풀어드리겠습니다.)

심짱의 꿀팁!

'골프를 시작해야겠다'는 마음이 생겼다면 최대한 빠른 시일 내에 시작하시기 바랍니다. 심짱이 골프연습장을 9년간 직접 운영해보니 평균적으로 젊은 분들이 골프스윙을 더 빠르게 익히더군요. 즉 나이가 있으면 하고자 하는 동작이 잘 나오지 않습니다. 골프는 근육의 피로도가 생각보다 많습니다. 그리고 골프는 시간이 많이 필요한 운동입니다. 단기간에 동작을 익히는 것이 아닌 지속적인 연습을 통해 스윙을 완성하는 것입니다. 그래서 골프에서는 "구력이 얼마나 되냐?"라고, 즉 얼마나 골프를 했냐고 서로 묻는 것입니다. 그러니 여러분들이 골프를 생각하고 있다면 한 살이라도 젊을 때 시작하세요.

골프는 독학으로 가능한가요? 아니면 레슨을 받아야 하나요?

독학골프의 문제

요즘 골프를 독학으로만 배웠다는 분들이 많습니다. 심지어 그분들의 골프스윙을 보면 전혀 독학으로 배운 것처럼 보이지도 않습니다. 언뜻 보면 어디서 잘 배운 골퍼처럼 보이는 분들이 있습니다.

저도 그런 분들을 뵈면 "정말로 혼자 했냐"고 여러 번 물어봅니다. 그런데 이야기를 해보면, 정말 아무도 안 알려주고 동영상이나 책을 보고 독학했다고 하시는 분도 더러 있지만, 대부분은 혼자 했다는 것이 아니라 주변의 상급자 분들이나 또는 원포인트 레슨성으로 레슨은 받았다곤 합니다.

저는 이렇게 생각합니다. "독학으로 골프를 배울 수 있을까"라는 질문을 제게 하면 저는 "할 수 있다"고 답합니다. 요즘은 레슨 동영상을 찾아보면 골프의 기초부터 스윙까지 너무나 다양하고 상세하게 나옵니다. 심짱도 유튜브에서 아주 상세하게 동영상을 찍어서 올리고 있습니다.

그런데 문제가 하나 있습니다. 내가 그 동작을 정말 정확하게 했는지 누군가가 봐주지 않기에 혼자 스스로 판단해 진행한다는 것입니다. 여기에서 정말 다양하게 변화된 스윙이 나오게 됩니다. 바로 이것이 독학골퍼의 큰 어려움입니다. 그리고 잘 안 될 때마다 너무 많은 동영상을 보고 다양한 시도를 하다 보니 더 복잡해져서 결국 머릿속에는 지식이 있지만 내 몸에는 이도저도 아닌 골프스윙을 하게 되고, 나중에는 스윙의 개념조차도 잊어버리는 경우가 생기기도 합니다. 그렇게 제자리걸음 혹은 후퇴를 거듭하다가 홀로서기를 포기하고, 다시 정식적인 골프레슨을 끊어서 다니는 경우가 많습니다.

레슨을 받으면 몇 개월 만에 골프스윙을 배울까?

사실 골프를 배울 때 골프레슨을 정식으로 신청해 레슨을 받는 것이 일반적입니다. 그렇게 시작하는 것이 제일 빠르게 골프를 배우는 방식이죠.

하지만 골프는 도대체 얼마나 레슨을 받아야 하는지 고민이 됩니다. 골프스윙이라는 것이 3개월을 배우면 다 배울 수 있는 것도 아니고, 6개월을 배운다고 해서 다 배울 수 있는 것도 아니죠. 그러하기에 몇 년 동안 레슨을 받는 분들도 있지만 비용과 시간이 많이 들어갑니다.

심짱이 골프연습장을 약 9년간 운영해본 경험으로 볼 때 회원들의 실력 향상 속도를 보니 정말 사람마다 다른 부분이 있습니다. 특히 근력이 좋은 분일수록 실력 향상이 빠르고, 근력이 적은 분일수록 레슨의 진도가 느린 경우가 많습니다.

골프스윙은 퍼즐처럼 이어지므로 어떠한 한 동작이 잘못되면 다음 동작에서 영향을 주기 때문에 한 동작 한 동작 정확하게 만들어야 합니다. 정확한 동작을 하려면 당연히 반복훈련이 필요하고, 근력이 좋은 분일수록 스윙에 흐트러짐 없이 지속적인 동작을 하게 되어 다음 동작에 좋은 영향을 줄 수 있어 골프스윙을 빠르게 익히게 되는 것이지요.

레슨프로가 하는 일 중에서 가장 많은 일은, 알려준 한 동작을 흐트러짐 없이 반복하는지 지켜보는 일입니다. 바로 이런 이유에서 처음에 말한 독학골프의 제일 큰 문제가 치명적일 수도 있는 겁니다. 즉 본인이 정말 그 동작을 잘 하고 있는지를 본인이 잘 모른다는 것이 독학골프의 가장 큰 문제이기에 좋은 레슨 동영상을 보고도 본인이 다르게 동작을 하는 경우가 많습니다.

독학골프, 이렇게 시작하자

따라서 독학골프를 한다면 레슨 동영상을 보고 따라할 때 본인이 정말 잘 따라하고 있는지를 자기 자신에게 다시 한 번 점검하고, 지인에게 물어보면 좋습니다. 또한 레슨 동영상은 하나의 주제로 몇백 개의 정보가 있는데 그것들의 공통된 핵심을 잘 이해하면 독학으로도 충분히 가능합니다.

사실 심짱은 사람들이 독학골프를 했으면 하는 바람이 있습니다. 골프레

그립(Grip)

클럽샤프트의 손잡이를 쥐는 동작을 말함. 혹은 고무로 감긴 부분을 지칭하기도 함

어드레스(Adress)

스윙을 하려고 발의 위치를 정하고 공에 클럽 페이스를 겨누는 것

슨을 받으러 가도 앞에서 말한 것처럼 몇 개월에서 몇 년이 걸리는 현실적인 부분이 생깁니다. 여기에 더해 레슨프로를 잘 만나고 못 만나는 것, 그리고 레슨프로의 퇴사로 교체되는 부분 역시 실력 향상에 영향을 줍니다.

그래서 골퍼들이 독학으로 골프를 시작했으면 좋겠습니다. 심짱의 동영상에서도 집에서 할 수 있는 연습방법을 알려주는 콘텐츠가 있는데요, 그것처럼 집에서 간단하게 익혀보면 좋을 듯합니다. 그리고 연습장에서 한번 쳐보기 시작했으면 합니다. 대부분 공이 잘 맞지 않을 건데, 그때 레슨프로에게 몇 번의 레슨을 신청해 잡은 그립*이나 어드레스*를 점검받고 스윙을 점검 받으면 골프스윙을 배울 때 비용과 시간을 절약할 수 있습니다.

당연히 일반적인 부분은 독학이 아니라 레슨을 받는 것입니다. 이 방법이 더 빠르고 편하게 골프를 배울 수 있습니다. 단, 오랫동안 레슨을 받지 못하는 분들이라면 어려운 시작보다는 가볍게 독학으로 직접 시작해보는 것도 좋습니다.

독학골퍼의 공통적인 문제는 너무나 많은 지식이 머릿속에 있다는 것입니다. 사실 골프를 처음 배우면 우리는 '똑딱이'라는 것을 배웁니다. 똑딱이는 클럽을 들고 정말 작은 동작으로 공을 치는 것인데요, 그 동작을 배우는 것은 지식을 쌓기보다는 몸에 동작을 익히기 위함이죠. 골프는 몰라서 안

되기보단 내 몸이 안 돼서 안 되는 경우가 많습니다. 골린이 시절에 독학을 하겠다고 유튜브 등에서 너무 많은 정보를 보게 되면 골프를 하는 데 오히려 스트레스만 쌓이게 됩니다. 하나의 팁을 드리자면, 독학을 할 때 주로 봐야 하는 콘텐츠로는 안 되는 동작을 가능하게 알려주는 영상이 좋습니다.

심짱의 꿀팁!

오직 독학골프만 고집하기보다는 연습장에서 레슨과 독학을 병행하면 좋습니다. 골프를 처음 시작할 때는 기초를 잘 만들어야 하기에 독학을 한다면 좀 더 신경써서 해야 합니다. 독학을 나름 열심히 해도 3개월 정도 지나면 내 스윙의 고질적인 문제가 나옵니다. 그때는 연습장의 레슨프로에게 원포인트 형태의 레슨을 받으면서 점검받고 연습하는 것이 좋습니다.

골프연습장은 실내로 갈까요, 실외로 갈까요?

다양한 연습장은 어떤 차이가 있을까?

골프를 시작하면 골프연습장에 가서 연습을 합니다. 이때 골린이들은 선택의 기로에 서게 됩니다. 실내연습장? 스크린골프장? 실외연습장? 길을 가다 보면 이처럼 다양한 골프연습장의 건물을 보게 됩니다. '골프를 막 시작한 나는 어디에서 골프연습을 시작해야 할까? 저 다양한 골프연습장은 어떤 차이가 있을까?'

모든 곳을 웹사이트를 통해 검색하고 직접 방문해봐도 아주 정확한 시스템을 알지는 못합니다. 결국 한 곳을 선택해 연습장을 이용하다 보면 '나에게 맞는 더 좋은 곳이 있었구나' 하고 다른 곳으로 옮겨 이용하기도 하고,

다른 곳을 함께 이용하는 경우도 있습니다.

그래서 심짱이 여러분들의 선택에 도움이 되고자 좀 더 상세하게 연습장 시스템과 특징을 여기서 알려드리고, 이와 함께 심짱의 개인적인 생각도 알려드리겠습니다.

골프연습장의 종류

먼저 골프연습장은 크게 2가지로 나눠집니다. 그것은 바로 실내연습장과 실외연습장입니다.

실내연습장도 '내부에 시뮬레이션 시스템이 있냐, 없냐'로 나누어집니다. 또한 실외연습장은 공이 도달하는 비거리 길이가 얼마나 나오는지를 관심 있게 봅니다.

이 대표적인 두 곳 이외에 연습을 할 수 있는 곳은 지인들과 함께 공을 치는 스크린골프장인데, 시간당 비용을 내고 할 수 있습니다. 그리고 레슨만 전문으로 하는 1대1 프라이빗 스튜디오 레슨장소도 있습니다. (이곳들은 각 스튜디오마다 사용하는 시스템과 정책이 제각기 다르기에 이 책에서는 비교하지 않겠습니다.)

지금부터 현실감 있는 골프연습장 선택법을 알려드릴 테니 여러분들에게 맞는 곳을 선택해보세요.

먼저, 골프연습장은 내가 잘 갈 수 있는 위치에 있는 곳을 선택하는 것이 좋습니다. 골프는 오랜 시간 동안 연습을 해야 하는 운동입니다. 또한 골프는 동작을 반복적으로 많이 연습을 해줘야 일관된 스윙이 나오고 실력이 향상됩니다. 이에 운동을 언제든지 자주 연습할 수 있는 곳을 선택하는 것이 좋습니다. 그러면 이제 '실내연습장이냐, 실외연습장이냐'의 선택이 남았습니다.

실내연습장에서 골프연습을 시작하자

만약 골프를 이제 막 시작한 골린이라면 저는 실내연습장에서 시작하라고 말합니다.

당연히 실외연습장에서 시작해도 큰 장점은 있습니다. 실외라 공이 날아가는 것을 내 눈으로 볼 수 있으니 더 정확하고 현실적인 샷을 만드는 데 도움이 됩니다.

하지만 골프를 배우게 되면 날아가는 공을 더 좋은 방향으로 만들기 위해 스윙폼을 교정하는 데 시간을 보내게 됩니다. 골프스윙은 실외연습장이든 실내연습장이든 상관은 없지만 실내연습장이 스윙을 만드는 데 좀더 수월한 것이 사실입니다.

실내연습장 중에서도 시뮬레이터가 있는 연습장을 선택하라고 말씀드립니다. 공이 날아가는 모습을 영상으로 보여주는 것인데요, 현실과 똑같을 수는 없지만 상당히 비슷하다고 할 수 있습니다. 무엇보다 나의 골프스윙을 화면에서 보여주기 때문에 스윙을 교정하는 데 큰 도움이 됩니다.

시뮬레이터는 공을 친 후 결과를 영

백스핀(Back spin)

공에 역회전이 생겨 공을 떠오르게 해 그린에서 딱 멈추게 하는 것. 언더스핀이라고도 함상과 함께 데이터값인 숫자로 알려주는 데 볼스피드와 공의 탄도, 백스핀*량 등 다양한 정보를 줍니다. 이에 같은 시뮬레이터를 사용하는 레슨코치나 주변 사람들에게 내 골프스윙의 상태를 더 쉽게 전달할 수 있습니다. 그 예로 "나는 7번 아이언*의 탄도가 높아"라고 말하는 것을 "나는 7번 아이언의 탄도가 25도가 나와"라고 말하면 서로 간의 소통이 더 원활하게 되고, 목표와 결과를 더 쉽게 알 수 있습니다.

아이언(Iron)
헤드 부분을 금속으로 만든 클럽

골프 시뮬레이터는 종류가 다양합니다. 시중의 많은 시뮬레이터를 여기서 다 설명할 순 없지만, 골프존GDR 시스템과 카카오VX 시스템이 대표적입니다. 이외 다양한 시뮬레이터 회사가 있는데, 골프공의 날아감의 정보를 잡는 센싱방식이 아주 조금씩 다르고, 전달해주는 데이터값도 조금씩 다릅니다.

우리들은 시뮬레이터가 정말로 현실과 얼마나 정확한지 궁금해합니다. 현실과 똑같을 순 없습니다. 하지만 골프공의 날아감의 표현은 상당히 비슷하기에 연습을 하는 데는 큰 문제가 없습니다.

하나 알고 있으면 좋은 것은, 시뮬레이터에서 골프공의 사용 빈도, 공의 성질에 따라 공의 비거리(캐리*)와 탄도 그리고 방향성에 큰 차이를 보인다는 것입니다. 사실 이건 실외연습장의 공들도 똑같습니다.

또한 실내연습장들은 주택가 주변이나 직장 주변에서 쉽게 찾아볼 수 있어 접근성이 좋으며, 연습장 이용료도 실외연습장보단 저렴한 경우가 많습니다. 그러

캐리(Carry)
공이 클럽에 맞아 비행을 하다가 처음에 떨어진 지면까지의 거리

므로 골프를 막 시작한 골린이라면 자주 연습할 수 있는 곳에 위치한 시뮬레이터 시스템이 있는 실내연습장을 선택하는 것이 효과적입니다.

실외연습장 선택 시 이것만은 꼭 참고하자

심짱이 이렇게 말하면 실외연습장은 추천을 안 하는 듯 보이지만, 앞에서도 말했듯이 골프를 시작하는 골린이라면 자주 연습을 할 수 있는 위치와 비용을 염두에 두고 말한 것일 뿐입니다.

만약 거주지역이나 직장 주변에 실외연습장이 가깝게 있거나 비용적으로도 실내와 그다지 차이가 나지 않는다면 실외연습장을 이용하면 좋습니다. 시뮬레이터에서 보여지는 가상의 공의 날아감보다 실재 현실이 최고로 좋은 것이니까요.

단, 실외를 이용할 때 한 가지만 더 보시면 좋습니다. 실외연습장의 크기입니다. 우리가 실외연습장을 가는 것은 여러 이유가 있지만 무엇보다 내가 친 공을 날아가는 것을 직접 보기 위해서입니다. 그런데 실외연습장의 크기가 작아서 공을 쳐도 150m 이하의 비거리만 보인다면 공의 최종적인 비거리가 보이지 않거나 또는 공의 휘어짐이 보이지 않겠죠. 이왕이면 최대비거리가 나오는 곳에서 나의 비거리와 공의 휘어짐이 잘 보이는 실외연습장을 선택하면 좋습니다.

심짱이 생각하는 이상적인 골프연습장 이용방법을 정리하면 다음과 같습니다.

'접근성이 좋은 골프연습장을 찾는다. 그리고 시뮬레이터가 있는 실내연습장을 선택하는 게 좋다. 시뮬레이터가 있는 실내연습장과 실외연습장이 있다면 비용 대비 편하게 이용할 수 있는 곳이 어디인지 비교하자. 만약 두 군데를 모두 다 이용하고 싶다면 실내연습장을 개월제로 등록하고 실외연습장을 1회씩 이용하는 쿠폰제로 구입해 가끔 실외연습장에 가서 현실적인 구질을 파악하는 것이 좋다. 이후 공을 어느 정도 칠 수 있는 실력이 되면 실외연습장을 메인 연습장으로 이용해도 좋다.'

심짱의 꿀팁!

연습장 선택시 다음과 같은 5가지 체크리스트를 만들어보세요. 첫째, 하루 이용시간은 몇 시간인가? 둘째, 추가적인 이용은 무료 또는 유료로 더 이용할 수 있나? 셋째, 차량을 이용한다면 주차는 원활하게 이용 가능한가? 그리고 주차비는 따로 있는가? 넷째, 연습장 이용 일시정지는 얼마만큼 가능한가? 다섯째, 레슨을 신청한다면 레슨시간은 몇 분으로 진행하나?

골프장에 처음 나가는데 뭘 준비해야 하나요?

골프장, 입장에서 퇴장까지

골프연습을 어느 정도 했다면, 드디어 골프장에 가야 할 시간이 왔습니다. 그런데 골프장에 갈 때 준비해야 하는 것들에 대해 누구에게 물어보기도 애매하고, 어떻게 해야 할지 어리둥절하기만 합니다. 심짱이 이 부분에 대해 쉽게 정리를 해드리겠습니다.

먼저, 골프장을 가기 전에 부킹이라는 것을 합니다. 쉽게 말해 골프장 예약인데요, 해당 골프장 사이트에서 예약을 하면 됩니다. 만약 어느 골프장을 가야 할지 모르겠다면, 부킹을 전문으로 해주는 사이트나 앱을 찾아 그곳에서 예약을 하면 됩니다.

부킹이 되어 골프장에 도착한다면 차량을 골프장 입구로 바로 운전합니다. 입구에 차가 도착하면 골프백을 입구에서 내리는데요, 본인이 내리는 것이 아니라 골프장 직원이 내려줍니다. 이때 트렁크만 열어주면 됩니다. 여기서 중요한 것이 골프백에는 이름표가 꼭 있어야 한다는 점입니다. 그리고 주차장으로 가서 주차를 하고, 골프장 카운터에 가서 부킹자 이름과 티업*타임을 말해주면 직원이 이름를 적는 종이를 줍니다. 그곳에 이름과 전화번호를 적습니다. 락커번호를 받고 그 번호에 소지품을 넣고 나옵니다. 이윽고 라운드가 다 끝나면 캐디가 차량까지 바로 골프백을 실어주니, 필드를 나갈 때 자동차키를 가지고 나가야 합니다.

티업(Tee up)

티잉그라운드에서 제1타를 치기 위해 공을 티에 올려놓는 일

플레이가 끝나면 캐디피를 현금으로 주는데, 흔히 캐디피는 서로 나눠서 내기에 현금을 미리 준비해가야 합니다. 1만 원짜리로 준비하면 됩니다. 혹시 현금을 준비 못했다면 걱정하지 마세요. 골프장에는 대부분 현금지급기가 배치되어 있습니다.

그리고 개인적으로 골프장에서 플레이를 하다 보면 지인분들이 초콜렛이나 사탕을 준비해옵니다. 어떤 분은 만들어온 음료나 과일도 준비해오죠. 사실 골프장 안에는 식음료를 반입하지 말라는 문구가 보이기도 하는데요, 그건 그늘집이나 클럽하우스에 해당된다고 생각합니다. 저는 동반자 분들이 가끔 이런 것을 싸오니 소풍 온 것 같고 좋더라고요. 저도 중요한 자리의 골프라운드에 가게 되면 골프공 등 작은 선물을 준비해가서 동반자들에게 드리기도 합니다. 서로 좋은 시간을 갖고자 하는 마음입니다.

플레이가 끝난 후에는 샤워를 합니다. 샤워실은 목욕탕 같지만 조금 다

릅니다. 락커에서 내의를 입고 샤워실로 이동을 해 그 안에 가면 내의를 넣는 함이 있습니다. 그곳에서 내의를 벗고 샤워를 합니다. 이후 다시 내의를 입고 락커로 이동합니다.

골프장에 갈 때 필요한 준비물들

골프장에서 필요한 준비물은 대부분 아실 것이지만 다시 한 번 간단하게 정리해보겠습니다.

크게 나눠보면 골프클럽들, 클럽들을 넣는 골프백, 옷가방인 보스턴백, 소품을 넣는 파우치백을 준비하면 좋습니다.

골프백이든, 보스턴백이든 거기에는 꼭 네임택이 있어야 합니다. 그리고 파우치가 의외로 필요합니다. 지갑이나 스마트폰, 차키, 선크림 등 작은 소지품을 넣을 가방도 필요합니다.

그럼 백 안에 들어가는 준비물들을 확인해보겠습니다.

- 골프가방 : 골프클럽, 골프공, 골프장갑, 골프티, 볼마커 등
- 보스턴백: 골프화, 모자, 라운드 후 갈아입을 옷, 내의, 샤워도구(여성은 샤워가운도 챙김) 등
- 파우치백 : 현금(캐디피), 차키, 충분한 골프공, 골프티, 썬크림, 과자 등

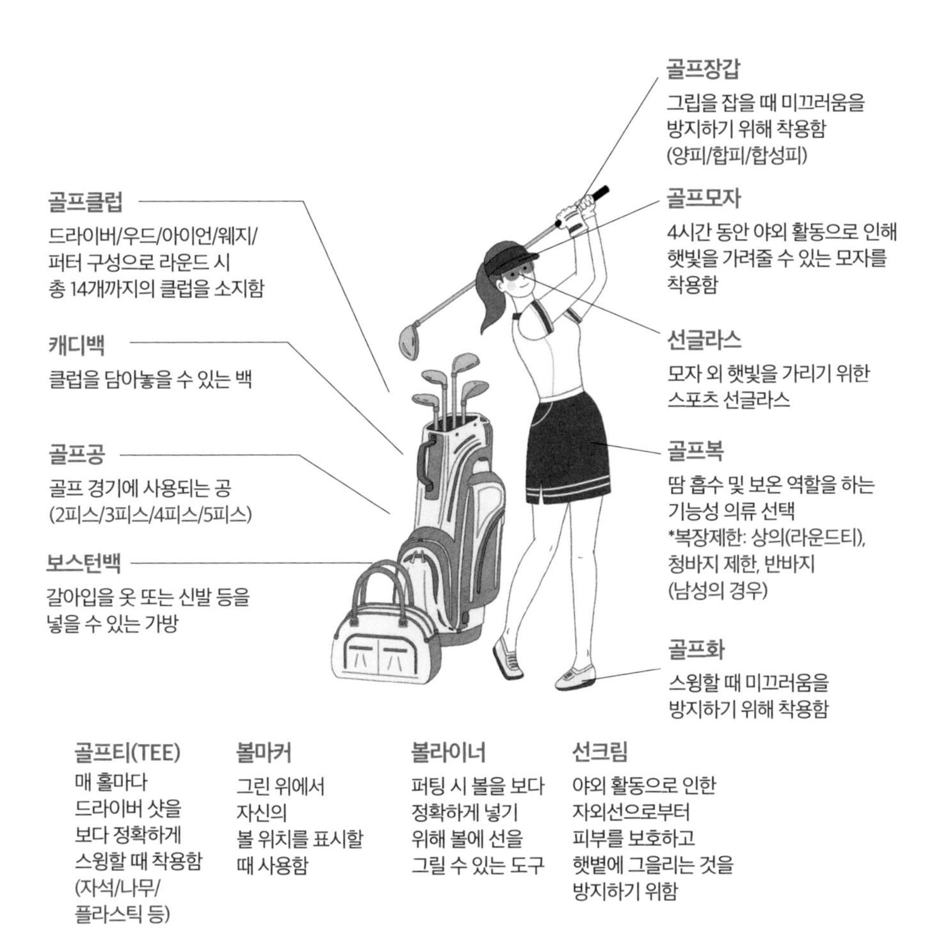

골프장에서 준비할 물건 중 제일 많이 필요한 것은 바로 골프공과 골프티입니다. 골린이 시절에는 공을 많이 잃어버리기에 중고골프볼들을 많이 준비하면 좋습니다. 그리고 골프티도 자주 잃어버리거나 부러지니 충분히 여분을 준비해주세요. 골프장에 가게 되면 전날 밤부터 준비를 할 것인데요, 사실 부족한 게 있더라도 남에게 빌리거나 골프장에 있는 프로샵에서 구입할 수 있습니다. 무엇보다 중요한 것은 골프장에 여유 있게 도착하는 것입니다. 예약된 시간 30분 전에는 꼭 도착해 있어야 하는데요, 골프장에 도착하면 골프백을 내리고 주차하고 카운터에 접수하고 락커실에서 옷을 입고 나오고 화장실에 다녀오는 등 시간이 여유롭지 않습니다. 그러니 좀 더 여유롭게 골프장에 도착하면 좋습니다. 일찍 도착해서 식사를 하거나 담소를 나누거나 스트레칭을 하거나 퍼팅연습을 하면 좋겠죠.

심짱의 꿀팁!

골프장에 처음 가면 항상 걱정이 많습니다. 잘 쳐야 하고, 혹시 누구에게 민폐가 되지 않을까 등등 이런저런 걱정도 하죠. 그러다 보면 잠도 잘 안 와서 라운드 날엔 컨디션도 좋지 않아 더 공을 못 치는 경우가 있죠. 내가 잘 못할 것을 생각해서 주변 사람들에게 아부를 잘해야 합니다. 함께 동반하는 골퍼들에게 정성이 있는 무언가를 준비해서 드립니다. 또한 캐디님에게도 시작 전에 무언가 좋아할 만한 것을 준비해서 드립니다. 그럼 골프를 좀 못 쳐도 밝은 분위기 속에서 라운드를 할 가능성이 커집니다. 골프를 못해서 슬픈 내 마음은 골프장에 던져버리고 오면 됩니다.

골프의 에티켓과 매너, 꼭 알아야 하나요?

골프장에서 입지 말아야 하는 복장

'골프' 하면 에티켓과 매너라는 말을 합니다. 그래서 골프는 신사스포츠라 불리기도 합니다. 하지만 요즘은 골프가 많이 대중화되어 있어 플레이를 하는 골퍼들도 너무 딱딱한 에티켓과 매너 그리고 룰을 적용하지는 않습니다.

그럼에도 기본적이고 중요한 에티켓과 매너는 알고 있으면 골프가 더 즐거워지고, 함께하는 동반자 분들과 더욱 기분 좋은 플레이를 할 수 있을 거라 생각합니다. 심짱은 골프장에서 중요한 몇 가지 룰만 신경 쓰면 충분히 매너가 넘치는 골퍼가 되리라 생각합니다.

우선 복장입니다. 요즘은 골프웨어들이 밝은 느낌과 평상복 같은 디자인을 많이 보이는데, 저는 긍정적인 변화라고 생각합니다. 그래서 입지 말아야 하는 복장만 말씀드리겠습니다.

필드에서는 청바지나 추리닝 같은 하의는 안 됩니다. 그리고 상의는 라운드 티만 안 입으면 됩니다. 보통 남성분은 상의는 카라티가 있는 옷을 입으면 됩니다. 여성분들의 웨어는 라운드티가 가능합니다. 즉 여러분들이 골프웨어를 선택할 때 골프웨어 브랜드에서 선택한다면 전혀 문제가 되지 않을 것입니다.

플레이 중의 에티켓과 매너

필드에 나가 플레이 중의 에티켓과 매너에 대해 알려드리겠습니다. 사실 이 부분은 많은 분들이 알고 있어도 현실적으로 경기의 진행을 빠르게 하기 위해서 또는 아는 지인들끼리 플레이를 하는 경우가 많아 알면서도 그대로 안 하는 경우가 많습니다. 이처럼 현실적인 모든 것을 감안하더라도 매우 중요한 기초적인 부분을 알려드리겠습니다.

티샷*을 준비하는 과정에서는 상대방이 공을 치려고 준비하는 과정부터 조용히 해야 합니다. 또한 스윙을 할 때 상대의 시선에서 보이지 않는 동선에 서 있어야 합니다.

그리고 동반자의 플레이에 방해가 되는 것이 하나 더 있습니다. 바로 휴대폰입니다. 골프라운드 전에 무음이나 진동

티샷(Tee shot)

티에서 공을 치는 것

으로 바꿔놔야 합니다.

상대방이 스윙하기 전까지는 조용히 해줘야 하지만 티샷 후 공이 날아갈 때는 자연스러운 멘트가 있어야 이것 역시 골프의 에티켓이고 매너입니다. 즉 티샷에서 상대방이 좋은 샷을 쳤다면 아낌없이 "굿샷" "나이스샷"이라고 멘트를 해주고, 미스샷을 했다면 괜찮다고 하거나 다음홀*에서 잘하면 된다는 응원의 말을 해주면 좋겠습니다.

홀(Hole)

그린에 만들어놓은 구멍. 깃대가 꽂혀 있으며, 18개 단위 코스를 의미함

티샷에 이어 카트를 타고 가서 두 번째 샷을 할 때는 멀리 있는 사람부터 공을 치면 됩니다. 단, 최근 골프룰이 변경되어 준비된 사람이 먼저 공을 치면 되는데요, 그래도 기본적으로 멀리 있는 골퍼부터 공을 치는 것이 서로에게 플레이의 혼돈이 없을 것입니다. 이처럼 먼저 준비가 된 골퍼가 공을 치면 되는데요, 다만 동시에 치면 안 되고 한 명이 샷을 한 후 그 다음에 샷을 해야 합니다.

여기서 만약 누가 먼저 쳐야 할지 모른다면 서로 상의를 하고 샷을 하면 됩니다. 또는 본인이 준비가 되어 있다면 주변에 있는 골퍼에게 먼저 치겠다고 말을 하고 치시면 됩니다. 당연히 플레이어의 모든 샷 도중에는 조용히 있어야 하고, 동선에서 벗어나야 합니다.

이후 그린*이나 어프로치* 상황이 옵니다. 그때는 어프로치를 하는 골퍼가 먼

그린(Green)

깃대와 홀컵이 있는 곳. 잔디를 짧게 깎고 잘 다듬어놓은 퍼팅 지역임

어프로치(Approch)

가까운 거리에서 핀 방향으로 치는 샷

저 공을 치게 하고, 이후 모두가 그린 위에 공이 올라간 온그린 상태가 되면 멀리 있는 골퍼부터 퍼팅을 하면 됩니다.

여기서 많이 실수하는 것이 상대방의 퍼팅 가상라인*을 발로 밟고 지나가는 경우입니다. 또한 상대가 퍼팅을 할 때 경사를 보고자 뒤나 앞에서 보는 행위도 에티켓에 어긋납니다. 상대방이 퍼팅을 할 때는 동선에서 멀어져 있어야 합니다.

라인(Line)
목표물에 공을 보내기 위해 정해놓은 송구선

퍼터(Putter)
그린 위에서 사용하는 클럽

퍼팅에서는 '컨시드' 또는 '오케이'라는 것이 있습니다. '친 공이 홀컵에 너무 가깝게 붙어 있어 그 다음 퍼팅을 굳이 하지 않아도 넣은 것으로 인정해준다'라는 에티켓인데요, 이것은 내가 주는 것이 아니라 상대방이 주는 것이니 본인 마음대로 공을 들어올리면 안 됩니다. 그린 위의 컨시드는 애매하니 공을 치기 전에 서로 간에 '퍼터* 한 클럽 이내는 컨시드' 등의 룰을 미리 정해두면 좋습니다.

필수적인 골프룰은 꼭 알아두자

골프룰도 중요합니다. 특히 이 부분에서 서로 논쟁이 있을 수 있고, 오해가 생기기도 합니다.

만약 OB나 해저드*에 들어갔다면 골

해저드(Hazard)
모래 웅덩이, 연못과 같이 경기의 원활한 진행을 어렵게 하는 코스 내의 장애물프장에서 정한 페어웨이*에 있는 OB티, 해저드 박스에서 치면 됩니다. 여기서 본인만 셀프 멀리건을 주면 안 되겠죠. 멀리건을 주는 건 상대방 모두의 의견이 있어야 합니다. 즉 누군가 한 명이 주더라도 여러 명의 의견 또는 분위기를 보고 결정해야 하는 부분입니다. 웬만하면 멀리건을 받지 말고 골프장에서 정한 룰대로 하는 것이 분위기를 흐트러지지 않게 해주고, 본인의 실력 향상에도 좋습니다.

페어웨이(Fairway)

티잉그라운드와 그린 사이의 잔디가 짧게 깎인 지역

여기서 애매한 것이, 두 번째에 친 공이 OB가 나는 경우입니다. 그런 경우엔 1타 벌타를 받고 다시 그 자리에서 공을 쳐야 합니다.

만약 해저드에 들어갔다면 그 해저드에 들어간 1타 벌타를 받고, 들어간 자리에서 최대한 가까운 자리에 공을 놓고 쳐야 합니다. 다만 여기서 프로대회룰을 적용할지, 아니면 동반자와 상의한 자체룰로 할지는 서로 의견을 나누어야 합니다.

대회룰은 들어간 자리에서 두 클럽 길이 안에서 공을 무릎 높이에서 드롭하는 것입니다. 하지만 이 방법을 지인들과 함께할 때 쓰기에는 경기 진행이 늘어지고 번거롭기에 잘 하지 않습니다. 즉 공이 들어간 자리에서 적당히 두 클럽 이내라고 생각하는 곳에 놓고 치게 됩니다. 사실 3~4클럽 이내에서 드롭을 하는 경우도 많기는 합니다. 하지만 그렇다고 해서 페어웨이 중앙의 좋은 자리를 선택해 거기에 공을 놓고 친다면, 이것 역시 에티켓에서 어긋날 것입니다.

지금까지의 내용을 간단하게 설명하면 다음과 같습니다. 이 정도만 잘 지켜도 골프장에서의 에티켓과 매너가 좋다고 할 수 있습니다.

'상대방 골퍼가 공을 칠 때는 조용히 동선에서 보이지 않는 곳에 서있는다. 그리고 샷을 한 후에는 가벼운 멘트를 해준다. 룰이 애매한 경우는 상대방에게 물어보고 결정한다.'

심짱의 꿀팁!

골프장에 처음 가는 경우이거나 완전 초보라면 함께 치는 골퍼를 위해 간식을 준비해주세요. 그리고 아무래도 초보 시절이기에 공이 멀리 가지 않고 이런저런 실수가 매우 많을 건데, 다음 공을 치러 갈 때 조금은 빠른 걸음 혹은 뛰는 모습을 보여준다면 매너가 좋은 골퍼로 동반자들에게 긍정적인 인상이 남을 것입니다.

골프룰을 다 알아야 하나요? 타수 계산은 어떻게 하나요?

기초적인 골프룰만 알아둬도 충분하다

골프룰은 그것만 모은 한 권의 책이 있을 만큼 복잡하고 룰도 많습니다. 하지만 골프에서 일어나는 애매한 경우의 일은 한정적이어서, 기초적인 골프룰만 알고 있어도 매너 있는 골퍼가 될 수 있습니다.

우리는 OB와 해저드의 룰을 정확히 아는 것부터 시작해야 합니다. 다양하고 많은 골프룰이 있지만 이 2가지가 가장 중요합니다. 그리고 무벌타 드롭이 있는 곳에 대한 구제 방법도 알아둬야 합니다.

OB룰

드라이버(Driver)

1번 우드. 비거리가 가장 많이 나는 클럽으로, 주로 티샷용으로 활용함

로컬 룰(Local rule)

개별 골프장이 자체적으로 정한 규칙

OB는 공을 쳤는데 흰색말뚝 표시 밖으로 나갔을 때입니다. OB가 나면 패널티 1타를 받고 친 자리에서 다시 치면 됩니다.

예를 들어보죠. 오른쪽 그림에서 보듯 드라이버* 티샷을 했는데 오른쪽의 흰색말뚝이 표시되어 있는 OB구역으로 들어갔다면, 그 자리에서 OB 1벌타를 받고 다시 쳐야 합니다. 그럼 세 번째 샷이 됩니다. 이후 페어웨이에 떨어진 볼을 치면 네 번째 샷이 됩니다. 그래서 보통 골프장은 '로컬룰*'을 적용해 만약 OB가 났다면 페어웨이에 만들어놓은 OB티에서 치라고 합니다. 그곳에서 치면 네 번째 샷이 됩니다.

첫 번째 샷 (OB) → OB 1벌타 → 그 자리에서 세 번째 샷 → 페어웨이에선 네 번째 샷

골프를 하다 보면 OB가 2벌타인 줄 아는 분들이 있습니다. 티샷에서 OB가 나면 페어웨어 OB티에서 네 번째 샷이 되고, 또한 OB가 난 후에 무언가 잘했는데도 결과적으로 타수가 많이 올라가다 보니 벌타 수가 많게 느껴집니다. 그러니 그냥 외워두는 것이 좋습니다. 'OB는 무조건 1벌타 받고 그 자리에서 다시 친다!' 티샷이 아닌 페어웨이에서 OB가 나도 마찬가지입니다. 만약 골프대회에서 선수가 OB를 여러 번 낸다면 계속 1벌타를 받고

OB가 났을 때의 타수 계산

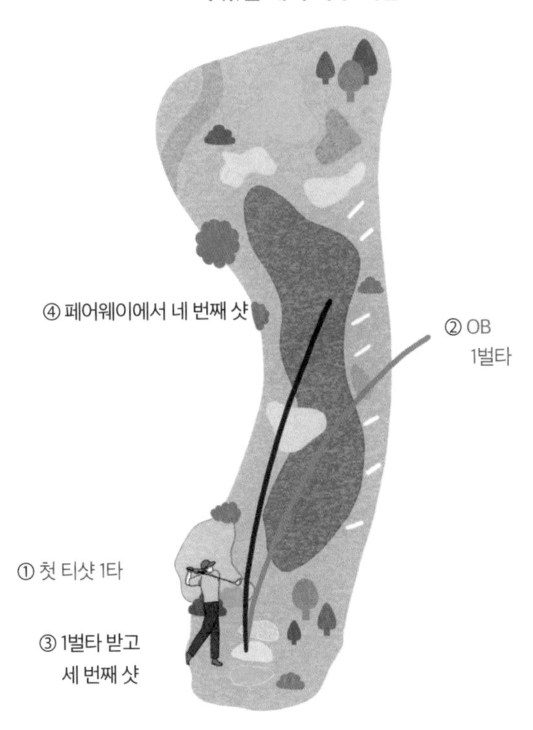

그 자리에서 쳐야 하는 것이죠. 하지만 아마추어 골퍼들은 원활한 플레이 진행 상 1벌타 외에 워킹벌타 1벌타를 추가로 더 받아 2벌타를 받고 다음 지역으로 이동하는 경우가 일반적입니다.

티샷에서 OB를 낸 골퍼가 페어웨이에서 네 번째 샷을 쳤는데 그 샷도 OB가 나면 어떻게 될까요? 다음과 같은 순서가 됩니다. 즉 OB는 1벌타입니다.

페어웨이 네 번째 샷 (OB) → OB 1벌타 → 그 자리에서 여섯 번째 샷 → 그 다음샷은 일곱 번째 샷

해저드

'페널티구역'이라고도 하는 해저드는 친 공이 빨간 또는 노랑 말뚝으로 넘어갔을 때입니다. 해저드에 들어가면 일단 1벌타를 받습니다. 그리고 적용할 수 있는 룰을 적용해서 플레이하면 되는데요, 그 다양한 방식을 설명하기 전에 현실적인 방법을 제시해드리겠습니다.

일단 티샷을 해서 해저드에 들어갔다면 보통 골프장에는 페이웨이 중앙쯤에 해저드티가 있는 곳이 있습니다. 오른쪽 그림에서 보듯이 페널티구역 1벌타를 받고 그곳에서 세 번째 샷을 하면 됩니다.

첫 번째 샷 (해저드) → 해저드에 들어간 곳에서 1벌타 → 들어간 곳에서 1벌타 받고 세 번째 샷

이렇게 됩니다. OB룰과는 다른 것이 OB룰은 친 곳에서 1벌타 받고 그 자리에서 치는 것이고, 해저드는 들어간 자리에 가서 1벌타를 받는 것입니다. 그래서 티샷이 해저드에 들어갔다면 골프장에서 정한 해저드티에서 친다면 세 번째 샷이 됩니다.

만약 페어웨이에서 친 공이 해저드에 들어갔다면 해저드로 들어간 지점에서 1벌타를 받고 두 클럽 이내에 드롭을 하고 플레이를 하는데요, 현실적으로 두 클럽을 재는 행동은 일반적으로 하지 않습니다. 골프장의 진행이나 지인들의 플레이 속도에 맞추어 그냥 눈으로 보이는 두 클럽 이내를 측정한 후 드롭을 하게 됩니다.

이것이 일반적인 해저드의 처리 방법입니다. 하지만 우리는 정확한 해저

해저드가 났을 때의 타수 계산

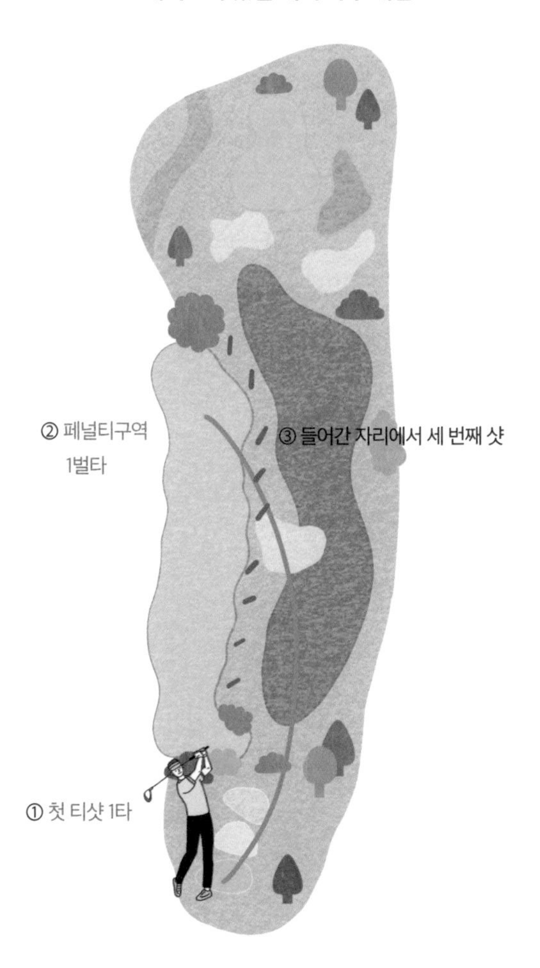

드룰을 기본적으로 알아두고 있어야 하겠지요.

워터해저드라는 명칭은 '노란페널티구역', 래터럴 워터해저드라는 명칭은 '빨간페널티구역' 이라고 합니다.

빨간페널티구역으로 들어갔을 경우 5가지 구제방법이 있습니다

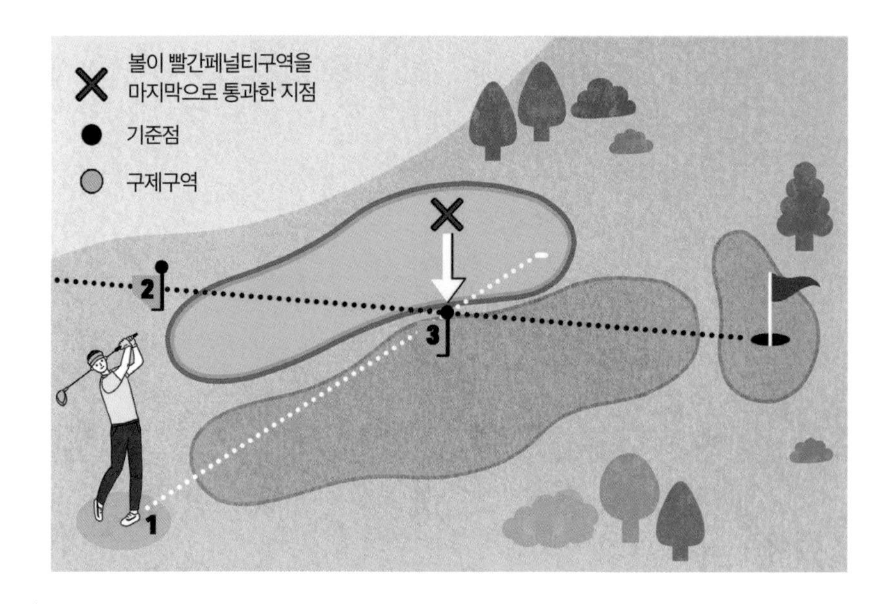

1. 해저드에 들어갔음에도 공을 칠 수 있다면 친다. (벌타 없음)
2. 직전에 쳤던 위치로 다시 돌아와서 친다. (벌타 1개) : 위 그림에서의 구제구역 1번
3. 마지막으로 해저드 경계에 진입한 지점(사진상의 X지점)과 홀을 가상의 선으로 연결해 그 가상선으로부터 직후방 원하는 자리에서 다시 친다. (벌타 1개) : 위 그림에서의 구제구역 2번
4. 마지막으로 해저드 경계에 진입한 지점(사진상의 X지점)에서 '홀에 가깝지 않게' 두 클럽 길이 이내 드롭 (벌타 1개) : 위 그림에서의 구제구역 3번
5. 반대편 해저드로 건너가서 홀에 가깝지 않게 두 클럽 길이 이내 드롭 (벌타 1개) : 잘 선택하지 않음

노란페널티구역으로 들어갔을 경우에는 다음과 같이 3가지의 선택권이 있습니다.

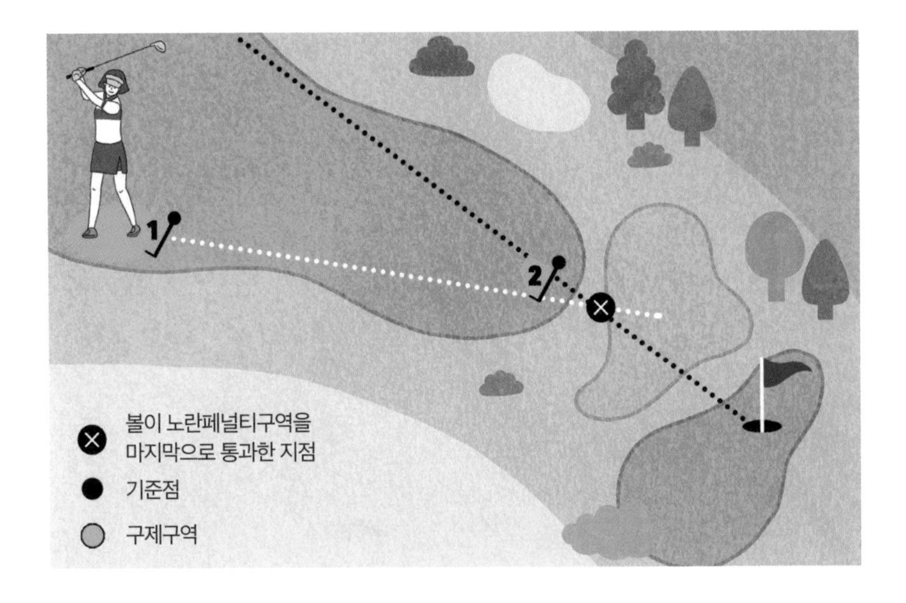

1. 해저드에 들어갔음에도 공을 칠 수 있으면 친다. (벌타 없음)
2. 직전에 쳤던 위치로 다시 돌아와서 친다. (벌타 1개) : 위 그림에서의 구제구역 1번
3. 마지막으로 해저드 경계에 진입한 지점(사진상의 X지점)과 홀을 가상의 선으로 연결해 그 가상선으로부터 직후방 원하는 자리에서 다시 친다. (벌타 1개) : 위 그림에서의 구제구역 2번

카트길에 공이 떨어졌을 때의 구제방법

골프에서 무벌타 드롭이 가능한 곳은 인공장애물이 있는 곳입니다. 광고판, 울타리, 잔디보수 지역 등이 있으며 구제방법은 한 클럽 이내 드롭하면 됩니다. 이곳에서는 한 클럽 이내 드롭을 하면 되는데요, 특히 카트길에 많이 공이 떨어지므로 카트길에서는 어떻게 드롭을 하는지 알려드리겠습니다.

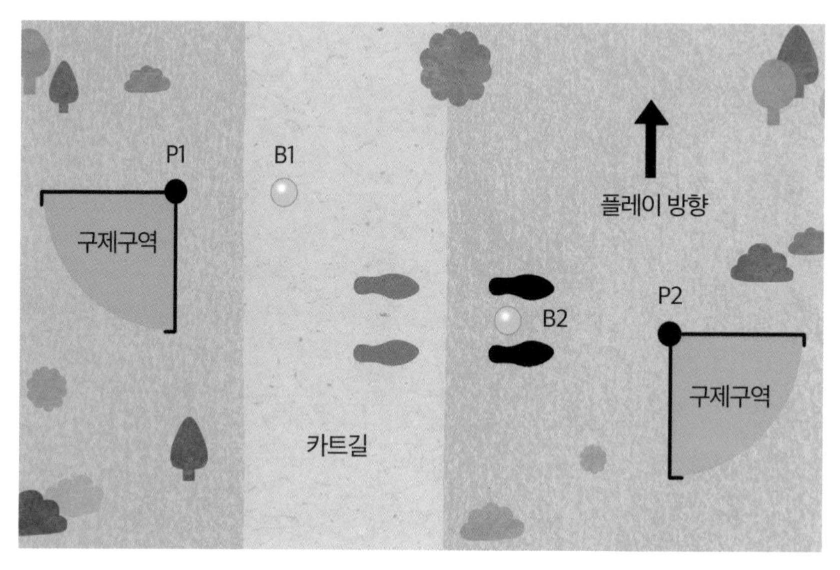

카트길에 공이 있다면 공과 가까운 잔디 구역으로 한 클럽 길이 이내 무벌타 드롭한다.

일반적인 경우는 카트길 옆에서 한 클럽 이내 공을 드롭해주고 플레이를 하면 됩니다. 무벌타 드롭이라 벌타는 없습니다. 일반적으로는 골프장의 원활한 진행과 지인들의 플레이 속도를 위해 한 클럽을 재고 드롭을 하는 경우는 많지 않습니다. 눈짐작으로 대충 한 클럽이라 가정하고 카트길 옆에 드롭을 합니다.

하지만 정확한 룰은 기본적으로 알아두는 것이 좋겠죠. 제일 혼돈스러운 것이 '카트길에서 오른쪽에 드롭인지, 왼쪽에 드롭인지'입니다. 공이 있는 곳에서 카트길 끝 잔디구역에서 어드레스를 서봅니다. 그리고 헤드 끝에 마크를 하시고요, 또 반대편 카트길 끝 잔디구역에서 어드레스를 하고 헤드 끝에 마크를 합니다. 그러고 나서 볼과 제일 가까운 곳이 드롭을 하는 곳이 되겠습니다.

드롭은 홀과 가깝지 않는 방향으로 한 클럽 이내에 무릎 높이에서 드롭을 해주면 됩니다.

골프룰에 따른 타수 계산

그럼 이제 타수 계산을 한번 해볼까요? 다음 두 문제를 풀어보시죠.

1. 파4*에서 첫 티샷이 왼쪽으로 OB가 났습니다. 그리고 페어웨이에 있는 OB티를 가서 샷을 해 그린에 올라가서 2번의 퍼팅을 했습니다. 몇 타인가요? (정답은 맨 뒤에)
2. 파4에서 첫 티샷이 페어웨이에 잘 갔습니다. 2번째 샷이 왼쪽 해저드에 들어갔습니다. 그리고 해저드 지

파(Par)
티잉그라운드를 출발해서 홀을 마치기까지 정해진 기준 타수를 뜻함. 거리에 따라 파5(롱 홀), 파4(미들 홀), 파3(쇼트 홀)로 구별함

점에서 샷을 했지만 다시 해저드에 빠집니다. 다시 샷을 해 그린에 올려 2번의 퍼팅을 했습니다. 몇 타인가요?

자, 이제 마지막 문제입니다.

3. 파5첫 티샷을 했는데 카트길에 올라갔습니다. 카트길 옆에서 샷을 했는데 왼쪽으로 OB가 났습니다. 다시 그 자리에서 샷을 했는데 해저드에 빠졌습니다. 해저드 구역에 가서 샷을 해 그린에 올려 1번의 퍼팅을 했습니다. 몇 타인가요?

정답) 1. 6타 / 2. 8타 / 3. 7타

심짱의 꿀팁!

골프에서는 OB와 페널티구역의 타수만 잘 카운트하면 스코어를 적는 데 별 문제가 없습니다. 하지만 이 카운트는 보통 캐디님이 해줍니다. 그러다 보니 골퍼들은 자기 스코어를 카운트하는 데 항상 혼돈스러워하고, 홀이 끝나면 샷한 기억도 잘 나지 않습니다. 하나의 팁을 드리자면, 샷을 한 수와 퍼팅한 수를 분리해 계산하면 좀 더 수월하게 카운트할 수 있습니다.

골프 용어가 너무 생소한데 어느 선까지 알아야 하나요?

▶ 디테일한 스윙용어들

QR코드를 스캔하셔서 동영상 강의를 보신 후에 이 칼럼을 읽으시면 훨씬 이해가 잘됩니다!

골프를 시작하면 수많은 골프용어들을 듣게 됩니다. 사실 외우지 않아도 항상 같은 단어들을 듣게 되면 자연적으로 알게 되기도 합니다. 그래도 골프 관련 이야기를 듣다 보면 생소한 단어도 나오는데요, 수많은 골프용어 중에서 대표적으로 많이 쓰는 단어들을 알려드리겠습니다.

골프용품의 용어

먼저 골프용품 관련 용어부터 알아보겠습니다. 만약 골프클럽을 구입하려고 할 때 제품의 상세페이지를 보면 클럽의 스펙(Spec)에 대한 설명이 나옵니다. 골프를 오랫동안 하다 보면 본인의 골프스윙에 맞는 스펙이 중요한 요소가 됩니다. 골프클럽의 제품 스펙을 보면 다음과 같은 용어들이 나옵니다.

- 로프트*각 : 헤드의 각도
- 헤드체적 : 헤드의 크기
- 라이*각 : 클럽 헤드의 넥* 부분부터 샤프트* 각도
- 총중량 : 헤드의 무게
- 밸런스 : 스윙웨이트라고 명칭하기도 하는데, 헤드의 무게감이라고 생각하면 됨
- 바운스 각 : 아이언이나 웨지의 클럽 헤드*를 바닥에 놓았을 때 닫는 면과 헤드의 공간의 각도

로프트(Loft)

클럽 페이스의 경사 또는 각도

라이(Lie)

낙하된 공의 위치나 상태. 혹은 클럽 헤드와 클럽 샤프트의 각도를 말하기도 함

넥(Neck)

클럽 헤드와 샤프트가 연결되는 부분

샤프트(Shaft)

클럽 헤드와 그립을 연결하는 막대기 부분

클럽 헤드(Club head)

클럽의 타구 면과 바닥 면을 포함한 부분

G425 MAX DRIVER SPECIFICATIONS

로프트 각	9	10.5	12
헤드체적(cc)	460		
라이각	59.5		
총 중량(g)/밸런스	약 301·D3(ALTA J CB SLATE·SR·45.75인치)		

G425 IRON SPEC

CLUB	#4	#5	#6	#7	#8	#9	PW	UW	SW	LW
로프트 각	20.5	23.5	26.5	30	34.5	39.5	44.5	49.5	54	58
라이각	60.5	61	61.5	62	62.8	63.5	64.1	64.1	64.4	64.6
바운스 각	5	6	7	8	9	11	12	12	13	13
길이(Inch)	38.88	38.25	37.63	37	36.5	36	35.5	35.5	35.25	35
총 중량(g)	약 367g·C9(#7·ALTA J CB SLATE·R) / 402g·D1(#7·AWT 2.0 LITE·R)									

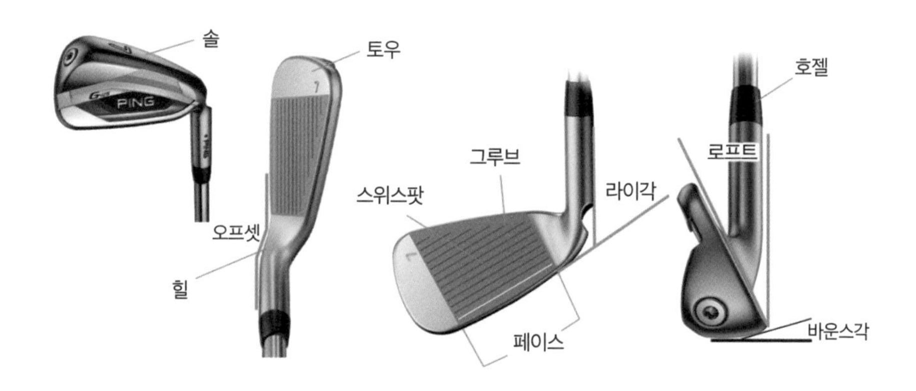

디테일한 스윙용어들

다운스윙(Down swing)

클럽이 아래 방향으로 공까지 움직이는 스윙 부분

임팩트(Impact)

클럽 헤드가 공을 가격하는 순간

다음 용어들은 레슨을 받을 때 많이 듣는 디테일한 스윙용어들입니다.

- 코킹(Cocking) : 백스윙 시 손목을 엄지손가락 방향으로 꺾는 동작
- 힌징(Hinging) : 오른손등을 손목 방향으로 꺾어주는 동작
- 레깅(Lagging) : 다운스윙* 시 손목을 풀지 않고 끌고 내려오는 동작
- 스쿠핑(Scooping) : 순가락으로 퍼올리는 동작을 일컫는데, 임팩트* 이후 왼손등을 왼손등 방향으로 꺾어주는 동작
- 얼리익스텐션(Early Extention) : 일명 배치기라고 하는 동작으로, 임팩트시 힙이 앞으로 나가면서 일어나는 동작
- 스웨이(Sway) : 골프스윙 중 몸이 좌우로 움직이는 동작. 특히 백스윙 시 머리는 적게 움직이고 힙이 많이 움직이는 동작
- 리버스피봇(Reverse pivot) : 백스윙 탑에서 힙은 밀리면서 펴져 있는 모습
- 보잉(Bowing) : 탑오브스윙에서 왼손목을 안쪽으로 굽히는 동작에 로테이션되는 동작
- 캐스팅(Casting) : 다운스윙 시 손목을 펴서 클럽이 몸에서 멀어지는 결과가 나오는 동작

- 슈피네이션(Supination) : 백스윙에서 다운스윙 시 왼손등을 안쪽으로 굽혀주면서 시계 반대 방향으로 돌려주는 동작
- 로테이션(Rotation) : 임팩트 구간에서 사용하는 말로 양손이 회전한다는 말. 즉 다운스윙에서는 왼손등이 위쪽으로 보고 있다가 임팩트 이후 오른손이 위쪽을 바라보는 모양임
- 릴리즈(Release) : 다운스윙에서 끌고 내려오는 클럽을 임팩트를 지나 풀어주는 동작

골프 구질의 명칭

구질에 따라 공이 좌우로 휘는 건 골프에서 중요한 역할을 합니다. 총 7가지 구질이 있지만 페이드, 스트레이트, 드로우, 슬라이스, 푸쉬, 이렇게 5가지 구질만 알면 충분합니다.

- 페이드(Fade) : 슬라이스처럼 심하진 않지만 공이 떨어지기 직전에 속도가 둔해지면서 오른쪽으로 휘는 것
- 스트레이트(Straight) : 공이 처음부터 일직선으로 타깃까지 똑바로 날아가는 구질
- 드로우(Draw) : 훅*처럼 심하진 않으나 오른쪽에서 왼쪽으로 가볍게 휘는 샷

훅(Hook)
공이 왼쪽으로 꺾여 전체적으로 비구선보다 왼쪽으로 심하게 휘는 것

• 슬라이스(Slice) : 공이 오른쪽으로 꺾여 전체적으로 비구선보다 오른쪽으로 심하게 휘는 것
• 푸쉬(Push) : 공이 처음부터 타깃 오른쪽으로 가서 일직선으로 쭉 가는 것이고, 휘는 것은 없음

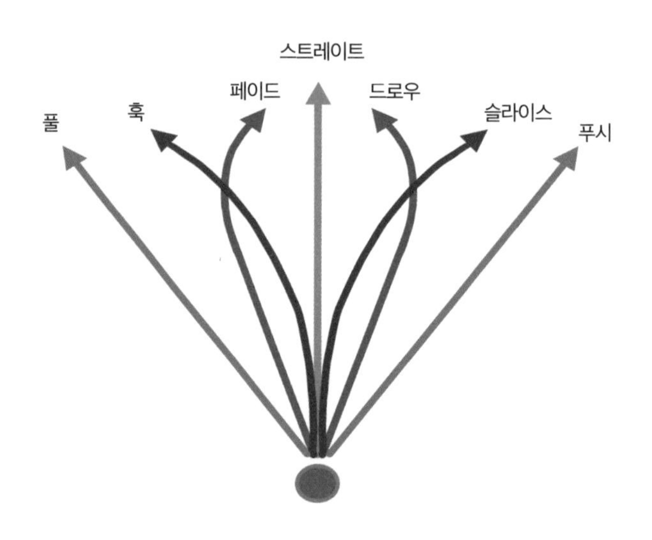

골프장 용어들

골프는 티잉그라운드에서 출발해 페어웨이를 거쳐 그린에 도달해 핀이 있는 홀에 공을 넣는 경기입니다. 다음과 같은 골프장 용어들만 알아두면 충분합니다.

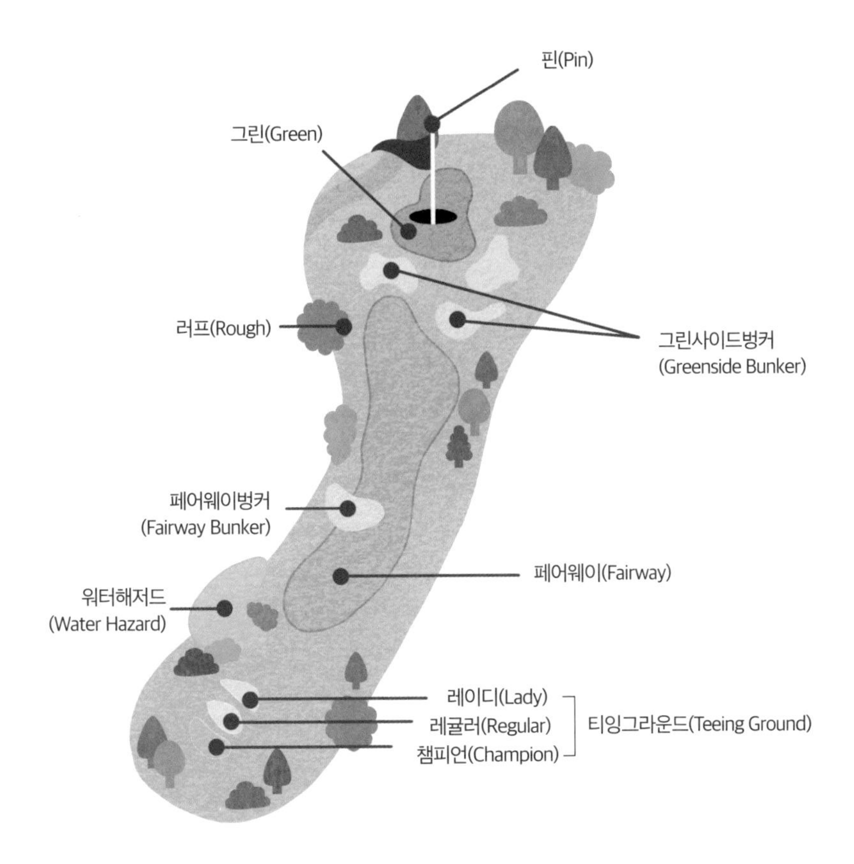

- 티잉그라운드(Tee ground) : 각 홀의 공을 처음 치는 구역
- 페어웨이(Fairway) : 티잉그라운드와 그린 사이의 잔디가 짧게 깎인 지역
- 그린(Green) : 깃대와 홀컵이 있는 곳으로, 잔디를 짧게 깎고 잘 다듬어놓은 퍼팅 지역

벙커(Bunker)

모래로 된 장애물을 지칭함. 그린벙커, 페어웨이벙커가 있음

코스(Course)

자연환경 속에 골프 경기를 위해 마련된 공간으로 대부분 18개의 홀이 있음

- 러프(Rough) : 풀이나 나무가 무성한 곳으로, 그린과 해저드를 제외한 코스 내 페어웨이 이외의 지역
- 핀(pin) : 그린의 홀에 꽂혀 있는 깃발
- 프린지(Fringe) : 그린의 주변
- 페어웨이벙커(Fairway Bunker) : 페어웨이를 가로지르듯이 설치한 벙커*
- 그린사이드벙커(greenside bunker) : 그린 주변에 위치한 벙커
- 워터해저드(water hazard) : 코스* 안에 걸쳐 있는 바다, 호수, 못, 하천, 도랑, 배수구 표면, 수로 등의 수역

스코어 명칭

언더파(Under par)

기준 타수인 72타보다 적은 스코어

골프는 1홀부터 18홀까지 총 72타의 기준타수로 구성되어 있는데, 기준타수인 72타를 기준으로 오버파나 언더파*를 이야기합니다.

총 18개 홀에서 파3홀이 4개, 파4홀이 10개, 파5홀이 4개입니다. 파3홀은 기준타수가 3인 홀이며, 파4홀은 기준타수가 4인 홀이며, 파5홀은 기준타수가 5인 홀입니다. 각 홀마다 기준타수를 얼마나 줄이고 오버하는지에 따라 다음과 같은 스코어 명칭이 붙습니다.

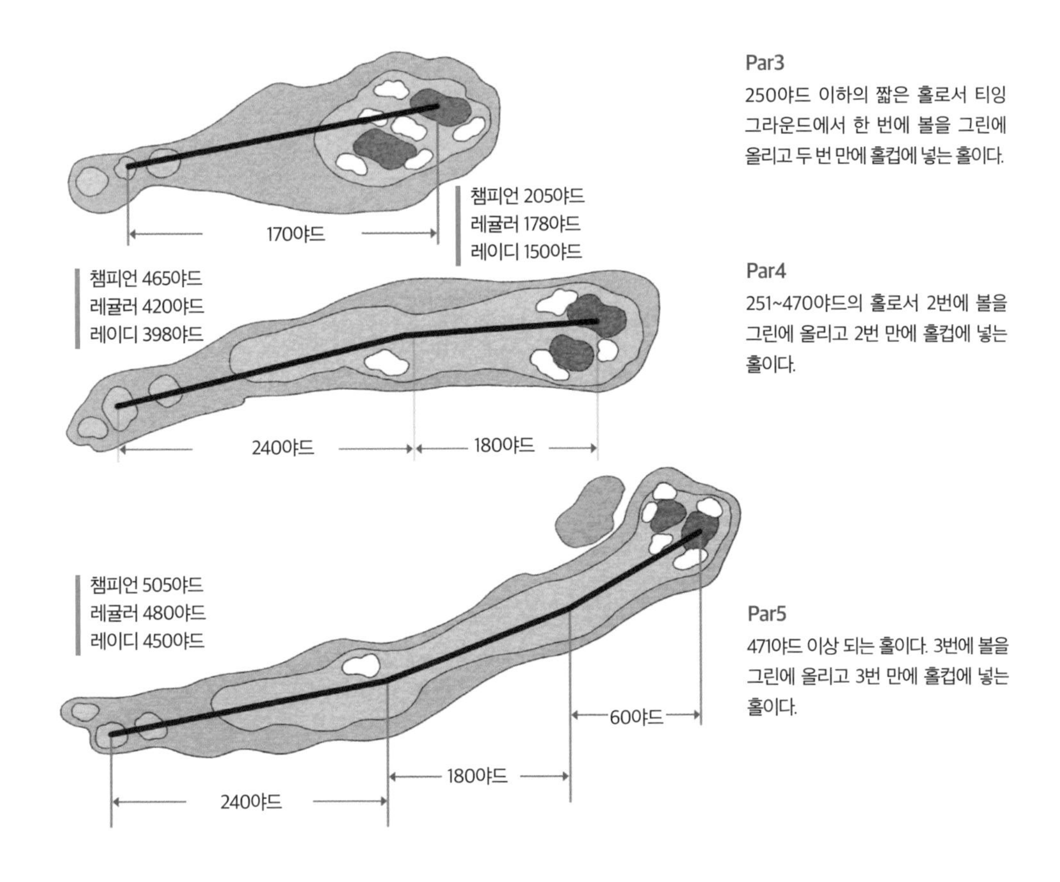

- 홀인원(Hole in one) : 티잉그라운드에서 1타로 공이 홀에 들어가는 것
- 알바트로스(Albatross) : 해당 홀의 기준타수보다 3타를 적게 치는 것
- 이글(Eagle) : 해당 홀의 기준타수보다 2타를 적게 치는 것
- 버디(Birdie) : 해당 홀의 기준타수보다 1타를 적게 치는 것
- 파(Par) : 해당 홀의 기준타수만큼 치는 것

• 보기(Bogey) : 해당 홀의 기준타수보다 1타를 많이 치는 것
• 더블보기(Double bogey) : 해당 홀의 기준타수보다 2타를 많이 치는 것
• 트리플보기(Triple bogey) : 해당 홀의 기준타수보다 3타를 많이 치는 것
• 쿼드러플보기(Quadruple bogey) : 해당 홀의 기준타수보다 4타를 많이 치는 것
• 더블파(Double par) : 해당 홀의 기준타수보다 2배를 많이 치는 것으로 '양파'라고도 함

스코어 명칭

3홀			4홀			5홀		
공친 횟수	스코어	명칭	공친 횟수	스코어	명칭	공친 횟수	스코어	명칭
						1타	-4점	홀인원
			1타	-3점	홀인원 (=알바트로스)	2타	-3점	알바트로스
1타	-2점	홀인원 (=이글)	2타	-2점	이글	3타	-2점	이글
2타	-1점	버디	3타	-1점	버디	4타	-1점	버디
3타	0	파	4타	0	파	5타	0	파
4타	+1점	보기	5타	+1점	보기	6타	+1점	보기
5타	+2점	더블 보기	6타	+2점	더블 보기	7타	+2점	더블 보기
6타	+3점	더블파 (=양파)	7타	+3점	트리플 보기	8타	+3점	트리플 보기
			8타	+4점	더블파 (=양파)	9타	+4점	쿼트러플 보기
						10타	+5점	더블파 (=양파)

골프용어가 무척 많지만 사실 우리가 따로 외울 필요는 없습니다. 심짱도 골프용어를 따로 시간을 내 외운 적은 없답니다. 그냥 골프를 하다 보면 자연스럽게 들리게 되는 부분이죠. 또는 골프방송에서나 레슨방송에서 나오는 용어들도 그냥 시청을 몇 번만 하면 금방 알 수 있습니다. 다만 영어를 쓰기에 정확한 발음이나 또는 혼란스러운 단어들이 있습니다. 예로 골프라운드, 골프라운딩 같은 거죠. 골프라운드가 맞지만 많은 곳에서 라운딩이라고 합니다. 알아들으면 되는 것이지만 아주 정확하지는 않다는 것인데요, 골프를 처음 시작할 때부터 올바른 용어를 알고 사용한다면 점점 좋아지리라 생각합니다.

심짱의 꿀팁!

골프용어는 영어이기에 조금은 혼돈스러운 것이 있습니다. 자주 쓰는 용어는 쉽지만 자주 쓰지 않는 용어들은 조금 혼돈스럽죠. 그런데 꼭 골프용어를 쓰지 않아도 골프를 하는 데는 문제가 없습니다. 그냥 한국말로 해도 됩니다. 예로 "슬라이스 났다"라고 안 하고 "오른쪽으로 갔다"라고 해도 됩니다. 흔히 "뒷땅 났다"라고 하는 것처럼 그냥 한국말을 써도 됩니다. 그냥 있는 그대로 표현하시면 되겠습니다. 골프를 하다 보면 자연스럽게 골프용어를 알게 됩니다.

아무도 알려주지 않는 사소하지만 중요한 골프 팁들

필드에서 공을 치는 순서

골프라운드를 갔습니다. 공을 치는 순서가 있겠죠. 이것은 룰보다는 매너와 가깝습니다. 필드에 있다는 생각으로 티샷부터 그린까지 가는 것을 한 번 상상해보겠습니다.

첫 번째 티샷을 할 땐 뽑기를 합니다. 누가 먼저 칠지 선택하는 것입니다. 이후 페어웨이에 가면 그린보다 멀리 있는 사람이 먼저 샷을 하는데, 멀리 있는 사람이 샷을 한다고 내 공을 찾으러 앞으로 가면 안 됩니다. 매너이기도 하지만 날아오는 공 때문에 위험합니다.

하지만 무조건 멀리 있는 사람부터 치는 것은 아닙니다. 준비가 된 사람이 먼저 칠 수 있습니다. 단, 먼저 공을 치겠다고 주변에 말을 해주고 앞에 사람이 없는지 확인한 후에 샷을 해야 합니다.

그린 위에 모두 한번에 올리면 좋지만 그렇지 않은 경우가 많습니다. 이 역시 마찬가지로 그린의 홀보다 멀리 있는 사람이 샷을 합니다. 그린 주변 이기에 사람들이 모여 있습니다. 따라서 항상 샷을 할 때 공을 친다고 말을 해줘야 합니다.

이후 그린 위에 모두 올라가면 홀에서 멀리 있는 사람부터 공을 칩니다. 하지만 앞에서 말했듯이 먼저 준비된 사람이 있다면 주변에 말을 하고 샷을 할 수 있습니다. 멀리 있는 사람이 자신이 먼저 치겠다고 말하면 그 사람이 우선순위가 됩니다.

그리고 다음 홀에 가면 타수가 제일 적은 사람부터 공을 치면 됩니다. 최근에 골프룰이 변경되어 준비된 사람이 먼저 공을 칠 수 있지만 특별한 경우가 아니라면 기본적으로 기존의 룰을 지키는 것이 더 원활한 플레이라고 생각합니다.

디봇과 벙커를 수리하는 법

골퍼들이 필드에 나가면 골프장 내에서 수리나 정리를 해주는 곳들을 만나게 됩니다.

디봇자리

공을 치면 땅이 파이면서 잔디가 날아갑니다. 이것을 디봇이라 합니다. 땅이 파인 자리에서 날아간 잔디를 찾아 덮어주고 발로 밟아주는 것이 매너입니다. 이때 잔디 덩어리가 있다면 덮어주는 것이지, 잔디 덩어리가 없다면 그냥 지나가면 됩니다. 이후 캐디님이나 잔디를 보수하시는 분들이 오셔서 모래로 덮어줍니다.

피치마크

그린 위에 공이 떨어지면 그린디봇이 생깁니다. 피치마크라고 하는데요, 공이 떨어진 자리를 찾아 디봇수리기로 공이 맞은 자리 바로 옆에 수리기를 넣고 안쪽으로 밀어줍니다. 이것을 피치마크 주변을 돌아가면서 해줍니다. 그리고 퍼터클럽으로 땅을 평평하게 다져줍니다.

벙커 정리

벙커에 공이 들어가서 샷을 한 후에는 고무레로 모래를 고르게 정리를 해줘야 합니다. 벙커를 정리하는 방법은 간단합니다. 하지만 좀 더 힘들이지 않게 정리하는 법을 알려드리겠습니다.

초보시절 벙커에 공이 들어가면 그 공만 보고 바로 들어가서 샷을 합니다. 이후 고무레를 찾는데요, 그럼 모래를 정리할 곳이 많아집니다. 들어갈 때와 고무레를 찾으러 갈 때 발자국이 많이 생깁니다. 그것을 다 정리하기에는 너무 힘들죠. 그래서 벙커에 들어갔다면 먼저 고무레부터 찾습니다. 그리고 벙커로 들어가는 자리에 고무레를 놓아둡니다. 또는 벙커에서 공이 멀리 있다면 고무레를 들고 들어갑니다. 이후 공을 치고 그 자리의 발자국과 공친 자리를 고무레로 정리하면 됩니다.

벙커를 정리하는 방법은 간단합니다. 최대한 평평하게 만들어주면 됩니다. 이후 벙커로 들어간 발자국들은 뒷걸음으로 정리를 해주면서 나오면 됩니다.

티박스에서 티 꼽기

모든 티박스에서는 티를 꽂은 후 그 위에 공을 올려놓고 샷을 합니다. 티 위에 공을 올려 놓은 과정에서 많은 초보 골퍼들은 티를 먼저 땅에 꽂고 공을 올리는 경우를 많이 봅니다. 하지만 손으로 티를 꼽으면 잘 들어가지 않습니다.

그래서 티를 꼽기 전에 티를 검지손가락과 중지손가락 사이에 넣고 공을 잡습니다. 미리 티 위에 올려져 있는 모양을 만들고 티를 꽂을 때 공을 밀어 티를 땅에 꽂아주면 쉽게 들어갑니다.

그린 위에 마크하기

그린 위에 공이 떨어지면 동전이나 또는 별도의 마크를 준비해 홀을 기준으로 공 뒤에 마크를 놓아줍니다. 그리고 퍼팅을 할 때는 다시 마크 앞에 공을 놓고 마크를 들어올리면 됩니다.

심짱은 필드를 처음 가는 골퍼와 라운드를 한 적이 있는데요, 그 분이 마크를 공 앞에다 하는 것을 보았습니다. 제가 "마크는 공 뒤에다 해야 합니다"라고 하니 몰랐다고 합니다. 알고 나면 너무 쉽지만, 충분히 모를 수 있다고 생각합니다.

그리고 마크를 이동시키는 경우도 있습니다. 만약 다른 동반자의 공이 내 뒤에 있고 퍼팅을 하려고 합니다. 그런데 내 마크가 퍼팅라인*에 걸릴 듯하다고 판단되면 마크를 이동시켜 달라고 해야 합니다. 그럼 내 마크를 이

> **퍼팅 라인(Putting line)**
> 그린 위의 공과 홀인을 위해 예상되는 홀컵 사이의 선

동시켜줘야 합니다.

마크를 이동하는 방법은 간단합니다. 홀과 가까워지지 않은 옆방향으로 이동시키면 됩니다. 먼저 주변의 나무나 사물을 찾습니다. 그곳을 보고 마크 옆에 퍼터의 뒷부분을 대주고, 그 퍼터의 앞부분에 마크를 이동시켜줍니다. 이후 동반자가 퍼팅을 한 후에는 바로 다시 목표 사물을 보고 그 기준으로 위에서 한 것을 반대로 해서 원래 있던 자리로 마크를 이동해줍니다.

마크를 놓는 것은 너무 쉬운 일이기에 아무도 알려주지 않죠. 하지만 골프라운드를 처음 가는 골퍼에게는 애매한 내용이기도 합니다.

심짱의 꿀팁!

초보 시절, 골프장에 가면 무엇이든 잘 모릅니다. 그때는 일단 공을 친 후 안스러울 정도로 뛰시기 바랍니다. 그러면 많은 것을 얻을 수 있습니다. 예를 들어 미스샷이 나 공이 멀리 안 갔는데도 슬슬 걸어가면 다른 플레이어의 흐름에 방해가 되고, 동반자들도 싫어합니다. 그래서 일단 공을 친 후 그곳으로 빠르게 뛰어가야 합니다. 안스러울 정도로 뛰어다녀야 합니다. 그럼 동반 골퍼들이 '저 사람은 남을 위해 빨리 하는구나'라고 생각하고 더 신경을 써줄 것입니다. 그리고 조금 실수하는 것도 초보라 그럴 수 있다고 너그럽게 생각해줄 것입니다.

퍼블릭 골프장, 파3 골프장, 회원제 골프장의 차이가 뭐죠?

골프장마다 어떤 차이가 있을까?

골프를 배우고 이제 골프장을 가게 될 것인데요, 지인들이 "파3골프장을 가자" "퍼블릭을 가자" "회원제를 가자"라는 말들을 합니다. 이것들의 차이에 대해 알려드리겠습니다.

먼저 파3골프장이란 모든 홀이 파3로만 되어 있는 곳으로, 웨지클럽을 주로 사용하는 평균 100m 이내 숏게임* 을 주로 연습하는 작은 골프장입니다. 즉 웨지와 퍼팅이 주 사용클럽입니다. 골프에 있어 그린 주변의 어프로치샷과 퍼팅

숏게임(Short game)

그린 위나 주위에서 하는 샷 플레이

은 타수와 밀접한 관계가 많기 때문에 연습을 많이 할수록 타수가 좋아집니다. 파3골프장을 선택할 때는 무엇보다 어느 정도 규모가 있으면 좋습니다. 너무 짧은 곳보다는 다양한 거리가 있는 곳으로 선택하면 실력 향상에 도움이 됩니다.

퍼블릭 골프장과 회원제 골프장의 차이는 무엇일까요? 퍼블릭골프장이란 어느 누구나 부킹을 해서 플레이를 할 수 있는 곳입니다. 반면에 회원제 골프장은 회원권을 판매해 해당 회원과 지인들만 이용할 수 있는 골프장입니다.

어떤 골프장을 선택해야 할까?

우리는 흔히 "퍼블릭보단 회원제 골프장이 모든 관리가 잘 되어 있다"라고 말하기도 합니다. 코스의 상태와 클럽하우스와 식당 등 모든 점에서 회원제가 더 잘되어 있다고 말하는데요, 맞는 부분도 있지만 아닌 부분도 있습니다.

아무래도 퍼블릭 골프장은 9홀짜리도 있고, 거리가 짧은 곳도 많습니다. 하지만 퍼블릭이라고 다 그렇지는 않습니다. 18홀에 아주 잘되어 있는 곳도 많습니다. 회원제 골프장이라도 어느 퍼블릭 골프장과 비교하는지에 따라 선호도가 달라질 수 있습니다.

앞에서 말한 것처럼 퍼블릭 골프장은 9홀짜리도 있습니다. 즉 9홀만 플레이를 할 수도 있고, 9홀을 2번 플레이해 18홀로 플레이할 수도 있습니다. 또한 어느 퍼블릭 골프장은 캐디가 없이 진행하기도 합니다. 이런 모든 정보는 각 골프장을 이용하기 전에 잘 확인해보시면 되겠습니다.

골프를 시작한 골퍼뿐만 아니라 골프를 오래한 심짱도 회원제 골프장에는 잘 가지 않습니다. 그냥 퍼블릭이라고 명칭한 골프장을 잘 다니는데요, 우리는 이 퍼블릭 골프장 중에서 몇 홀의 골프장인지, 비거리는 얼마나 나오는지 등 다양한 정보를 보고 선택하면 됩니다.

심짱의 경험상 저렴한 골프장들은 보통 비거리가 짧습니다. 그리고 페어웨이가 좁습니다. 하지만 골프를 시작한 골퍼라면 비싼 골프장을 가는 것보다 저렴한 골프장을 경험삼아 먼저 다니면서 골프를 즐기면 좋겠습니다. 골프장을 자주 나가본 사람의 스코어가 더 좋기 마련이지요.

심짱의 꿀팁!

우리가 골프장을 부킹할 때는 사실 거의 다 퍼블릭 골프장입니다. 우리는 흔히 퍼블릭 골프장을 가는데요, 어느 골프장이 좋은지 쉽게 알 수가 없습니다. 그래서 좋은 골프장을 찾는 방법은 부킹앱 같은 곳에서의 골프장 평을 참조하는 것입니다. 골퍼들의 평점과 리뷰를 보며 골프장의 상태나 컨디션을 현실적으로 알 수 있습니다. 그것을 참조해 선택하면 좋겠습니다.

스크린골프와 골프게임이 현실 골프에 도움이 되나요?

스크린골프는 도움이 된다

스크린골프는 현실 골프와 다릅니다. 그래서 많은 분들이 스크린골프가 필드에 도움이 안 된다고 합니다. 하지만 심짱은 스크린골프가 현실 골프에 도움이 된다고 생각합니다.

골프는 골프스윙만 중요한 것이 아니라 멘탈도 중요합니다. 스크린골프도 게임이고, 현실 골프도 게임입니다. 모두 똑같은 플레이 방식이 있죠. 긴장감이 있을 때 샷은 흔들리게 마련입니다. 스크린골프를 할 때도 중요한 샷을 할 때는 긴장감이 있는 상태에서 샷을 하는 것은 마찬가지입니다. 저는 이런 부분에서 스크린골프는 현실 골프에 도움이 된다고 생각합니다.

또한 현실에서 공이 날아가는 것과 스크린은 동일하진 않지만, 그래도 비슷합니다. 즉 내가 필드에서 슬라이스가 나는 골퍼이면 스크린에서도 슬라이스가 나죠. 단, 휘어지는 정도가 아주 똑같을 수는 없겠죠. 비거리도 마찬가지일 것입니다. 그래도 비거리가 거의 비슷하다고 생각하기에, 필드 약속이 잡혔다면 스크린골프에서 그 골프장을 선택해 미리 플레이해보는 것도 좋습니다. 코스에 보이는 조형물이나 페널티구역, 벙커의 위치 등의 표시는 거의 비슷하기에 눈으로도 익힐 수 있습니다.

그렇다고 해서 스크린골프의 구질이나 샷의 비거리 등을 너무 맹신하면 안 됩니다. 스크린골프에서의 골프장과 현실 골프에서의 골프장은 다르기에 너무 맹신하기보단 공을 치기 전 루틴이나 마음가짐을 배우는 것으로 만족했으면 합니다.

골프게임기로 코스공략을 이해한다

골프에서 코스공략이 중요하다는 것은 알지만 현실에서는 몸이 따라주지도 않고 생각할 여유도 없습니다. 사실 심짱도 옛날에는 알면서도 골프코스를 이해하면서 치지 못했습니다.

그런데 코스공략을 이해하는 계기가 생겼습니다. 너무 엉뚱한 것에서 골프공략을 배웠는데요, 바로 골프게임입니다. 우리가 흔하게 알고 있는 게임기에서 골프를 했었는데요, 그냥 방향을 보고 레벨바에 맞추어 샷을 하는 게임이었습니다. 게임을 하다보니 벙커가 있고, 페널티구역이 있고, 페어웨이가 좁고 등 다양한 것들을 생각해 선택하는 클럽이 달라지더군요.

재미 있어서 한참을 해보았는데요, 나중에 코스에 갔더니 정말 페널티구역을 보고, 벙커를 보고, 거리를 생각하고 있더군요. 그러면서 위험한 요소들을 피해서 클럽을 선택하고 플레이를 했답니다.

심짱은 골프게임기도 골프를 이해하고 코스공략을 하는 데 도움이 된다고 생각합니다. 만약 골프를 모르거나 초보 골퍼라면 골프게임을 한번 해보기 바랍니다. 골프가 어떤 운동이고 왜 코스공략이 필요한 것인지 바로 알 수 있습니다.

심짱의 꿀팁!

많은 분들이 스크린골프와 현실 골프에 대한 비교를 많이 합니다. 사실 똑같을 순 없지만 이렇게 비교할 정도로 스크린골프가 정확해지고 있는 것은 사실입니다. 현재 스크린골프에도 상금이 걸려 있는 투어대회가 지속적으로 열리고 있고, 현실의 투어대회와 병행해 스크린대회에 참여하는 선수들도 있습니다. 골프를 즐기는 것에는 다양한 방법이 있기에 스크린골프만을 즐기는 것도 이상한 것은 아닌 현실입니다. 다만 스크린골프와 현실 골프를 너무 같다고 생각하기보단 다른 2가지의 골프라 생각하면 더 좋을 듯합니다.

골프를 시작하면 필수적으로 생각하는 것이 골프용품일 것입니다. 골프백 안에 수많은 골프채들이 다 필요한 것인지, 클럽마다 특징이 있고 샤프트 강도가 있던데 어떻게 나에게 맞는 클럽을 선택하는지 등 사실 이런 궁금증들은 골프를 시작하면 누구나 가지기 마련입니다. 다만 이 궁금증을 쉽게 풀지 못하면 고민거리로 변하게 됩니다. 또한 골프에서 필요한 용품은 골프채만 있는 것은 아닙니다. 골프공, 골프화, 장갑 등 크고 작은 소품들이 필요합니다. 이런 제품에 대해 심짱의 경험으로 여러분들에게 추천을 해드려 손쉬운 구매 가이드를 해드리겠습니다.

2장

골린이가 너무나 알고 싶은 골프용품 궁금증들

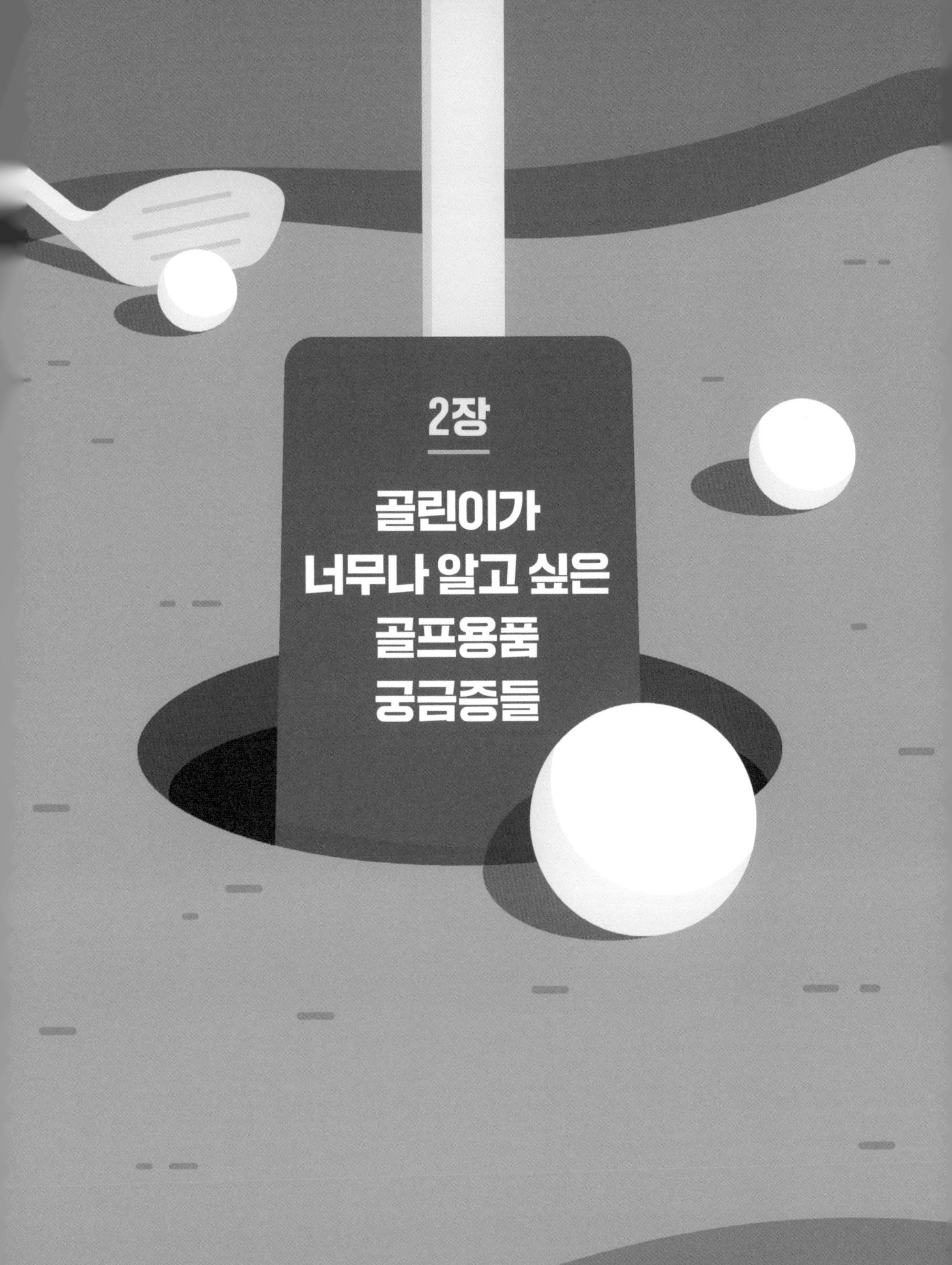

골프를 시작하려는데 어떤 것들을 구입해야 하나요?

처음부터 장비를 다 살 필요는 없다

골프를 시작하려고 하는 분들에게 현실적인 조언을 드리겠습니다.

골프를 시작하기 위해서는 골프클럽이 있어야 하고, 골프화, 장갑도 있어야 하겠지요. 하지만 골프를 처음 시작할 때는 이런 장비가 처음부터 필요하진 않습니다.

보통 주변의 골프연습장을 가게 되면 제공되는 연습용 골프클럽이 있습니다. 그 골프클럽을 이용하면 됩니다. 그리고 골프화도 처음에는 필요하지 않습니다. 그냥 편한 운동화를 신어도 됩니다. 단, 장갑은 꼭 있어야 합니다. 심지어 스크린골프장을 가더라도 이 모든 것을 대여해줍니다.

골프는 특이하게 다른 운동과 다르게 처음부터 용품을 구입하지 않아도 됩니다. 천천히 운동을 하시면서 주변 분들이나 레슨프로에게 용품에 대해 추천을 받으시면 됩니다.

 클럽 구입, 어떻게 해야 할까?

보통 클럽의 구성은 드라이버, 우드* 클럽, 아이언세트, 퍼터로 나누어집니다. 여기서 더 디테일하게 어떤 구성으로 할지를 생각해야 하는데, 골퍼마다 약간 다르게 구성되어 있습니다. 심짱의 클럽구성은 드라이버, 5번 우드, 3번 유틸리티, 4번 아이언부터 피칭웨지*, 52도 웨지, 56도 웨지, 퍼터, 이렇게 구성되어 있답니다.

클럽이 14개를 넘지 않게 해주고, 중복되는 거리의 클럽을 여러 개 구입하지 않는 것이 좋습니다. 즉 내가 만약에 4번 아이언으로 190m를 치는데 5번 유틸리티도 190m가 나간다면 중복되는 거리가 나오게 되겠죠. 그러니 3번 유틸리티 하나만 구입하면 좋습니다.

하지만 심짱도 5번 우드가 있고 3번 유틸리티가 있는데요, 서로 간에 이론상 거리차이가 많이 나지 않습니다. 하지만 심짱은 3번 우드가 낮은 탄도

우드(Wood)

드라이버클럽 다음으로 긴 클럽으로, 클럽 페이스의 각도에 따라 3번부터 7번까지 번호가 있는 클럽

피칭 웨지 (Pitching wedge)

9번 아이언 바로 아래 클럽으로, 헤드에 P라고 쓰여 있음

가 나오는데요, 필드에서는 좀 더 높았으면 해서 5번 우드를 사용한답니다.

나중에 여러분들이 골프를 많이 하다 보면 본인에게 필요한 클럽의 구성이 자연스럽게 나오게 됩니다. 제일 흔한 예로, 롱아이언*을 못 치는데 굳이 4번 아이언을 넣을 필요는 없는 것이죠. 그냥 4번 아이언의 거리가 나오는 5번 유틸리티클럽을 구성하면 됩니다.

이런 부분은 추후 골프를 오래 하다 보면 나오는 부분이라 지금은 거리의 중복성이 없는 클럽을 구입하시면 됩니다.

롱아이언(Long iron)

2·3·4·5번 아이언. 샤프트가 길고 로프트가 낮아 다루기가 힘든 반면에 비거리가 긴 편임

골프화와 골프백도 필요하다

이제 골프화도 빠르게 구입하고 싶으실 겁니다. 심짱이 편하게 운동화를 신고 하라고 하지만 사람의 마음이 그렇지는 않죠. 추천 드리는 골프화는 스파이크리스 골프화입니다.

골프화는 징이 있는 골프화가 있고, 징이 없는 골프화가 있습니다. 심짱이 스파이크리스를 추천하는 이유가 있습니다. 징이 있는 골프화는 필드에서는 발을 잘 잡아주지만 연습할 때는 징의 높이 때문에 흔들리게 됩니다. 또한 징이 빨리 마모됩니다. 그래서 연습량이 많은 초보 골퍼에게는 징이 없는 스파이크리스 골프화를 추천합니다. 그리고 요즘 스파이크리스 골프화가 너무 잘 나오더라구요.

골프백과 옷을 담는 보스턴백도 필요합니다. 또한 백 안에 들어가는 작

은 용품들이 있는데, 그 부분은 앞에서 이미 알려드린 바 있습니다.

골프가 요즘 인기를 끌다보니 많은 분들이 골프를 시작합니다. 하지만 골프는 쉬운 운동이 아닙니다. 또한 비용도 많이 들어갑니다. 이 운동이 정말 나에게 맞는 운동인지 한번 생각해볼 필요가 있습니다. 그래서 처음부터 고가의 장비를 구입하는 것보다는 중고제품을 구입하거나 또는 주변의 사람들에게 안 쓰는 클럽을 받거나 해서 최소한의 비용으로 골프를 시작해보기 바랍니다. 이후 골프가 나에게 맞는 운동이라면 그때부터 좋아하는 제품을 구입하면 됩니다.

심짱의 꿀팁!

'골프용품' 하면 비용이 먼저 떠오릅니다. 골프클럽은 풀세트도 있고, 클럽별 구입도 있습니다. 인터넷에서 보니 풀세트는 평균 150만~250만 원 정도가 많더군요. 또한 클럽을 개별구매하면 평균 250만~350만 원 정도 되더군요. 여기에 골프백과 보스턴백을 구입하면 골프클럽 구성은 됩니다. 그리고 비용이 생각보다 많이 들어가는 것이 골프웨어들입니다. 골프화는 한두 개만 있으면 되지만 골프웨어는 계절마다 있어야 하기에 은근히 비용이 들어갑니다. 골프를 한다면 이처럼 은근히 지속적으로 비용이 들어가니 잘 계획을 세워 지출을 하시기 바랍니다.

골프 클럽별 특징은 어떻게 되나요?

골프클럽은 테니스채나 배드민턴채와는 달리 생각보다 다양합니다. 골프클럽은 크게 드라이버, 우드, 유틸리티, 아이언, 웨지, 퍼터로 나누어져 있습니다.

클럽마다 제각기 활용 용도가 다릅니다. 그리고 디테일하게 골퍼의 실력 레벨에 따라 클럽을 나누기도 합니다. 드라이버나 우드, 유틸리티는 특별히 상급자가 쓰는 클럽이라고 하는 것이 없지만, 아이언은 초·중·상급자로 나누어 말하는 경우가 많습니다. 클럽별 특징에 대해 구체적으로 알아보겠습니다.

아이언의 특징

아이언은 크게 블레이드(Blade), 캐비티(Cavity) 타입으로 나누어집니다. 더 디테일하게 분류하면 머슬백, 중공구조, 언더컷 타입 등과 같은 헤드들의 종류가 있습니다. 종류가 많아 복잡하지만 모든 클럽들은 헤드 디자인을 보면 조금은 이해하기 쉽습니다.

먼저 블레이드 타입의 아이언헤드는 날렵한 디자인들이 많습니다. 헤드 중앙에 무게중심을 두었습니다. 또한 헤드의 크기를 작게 해 컨트롤을 더 쉽게 할 수 있습니다. 이해하기 쉽게 생각하면, 작은 망치로 못을 박으면 아주 정교하게 못을 박을 수 있습니다. 하지만 실력이 부족해 헤드에 못을 정확하게 못 맞춘다면 못은 더 들어가지도 않고, 손도 더 아프게 되죠. 이런 것처럼 블레이드 헤드는 작아 초보가 컨트롤하기는 어렵습니다. 따라서 상급

아이언의 타입

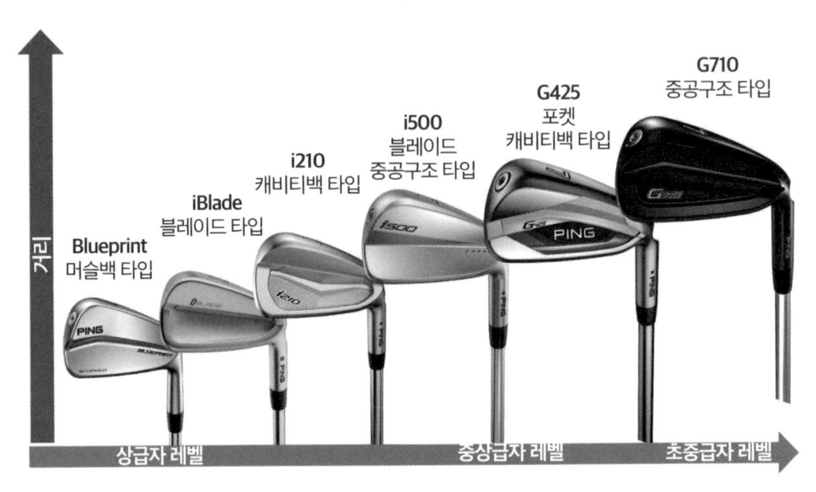

자나 프로가 사용하기에 알맞죠. 초보가 블레이드 헤드를 써서 공을 잘 못 맞춘다면 비거리, 방향성, 손맛 모두 오히려 더 안 좋은 결과가 나올 수 있습니다.

또한 캐비티 타입의 헤드는 우리가 제일 많이 쓰는 아이언입니다. 블레이드 타입의 헤드보다 더 큰 헤드 크기를 가지고 있고, 헤드 아래쪽에 무게중심을 넣어 스윙 시 클럽이 더 잘 떨어짐과 함께 공을 맞추면 낮은 무게중심으로 공이 더 높은 탄도를 만들어냅니다. 앞에서 말한 망치를 예로 들어보면, 망치를 조금 더 크게 만들고 헤드부분에 무게를 더 넣어 못을 박을 때 조금은 정확하게 못 맞추어도 잘 들어가게 만든 헤드 같다고 생각하면 좋습니다.

크게 2가지 아이언에서 진화된 헤드 종류로 언더컷 캐비티가 있습니다. 캐비티 형태에서 좀 더 무게배분을 외각으로 해 좀 더 공을 치기 수월하게 한 디자인입니다. 그리고 중공구조 아이언으로 드라이버처럼 헤드 안이 비어 있게 해 비거리를 극대화한 클럽입니다. 그리고 머슬백은 블레이드 타입에서 헤드 뒷면에 무게감을 더 보강해 좀 더 공을 치기 수월하게 만든 클럽입니다.

아이언들은 디자인을 보면 추구하는 컨셉이 있습니다. 작은 헤드는 정확성과 컨트롤이 쉽고, 큰 헤드는 어디를 맞아도 똑바로 멀리 갈 수 있지만 컨트롤은 조금 부족하죠. 참고로 요즘은 아이언 컨트롤을 중요하게 여기는 프로들도 미스샷이 나와도 어느 정도 똑바로 날아가는 캐비티 형태를 많이 추구합니다.

웨지의 특징

바운스(Bounce)

공이 땅에 맞은 후 튀는 것. 또는 웨지클럽의 바닥부분

클럽 페이스(Club face)

실제로 공을 치는 타구 면

그리고 웨지클럽들이 있습니다. 보통 클럽 헤드에 도수가 적혀 있죠. 우리는 보통 도수를 보고 선택하지만 아주 디테일하게 보면 바운스* 각도도 적혀 있습니다. 예로 56도 웨지에 10도 바운스, 12도 바운스 등이 적혀 있죠. 보통 골퍼들은 바운스 각도는 신경을 잘 쓰지 않습니다. 많은 골퍼들이 아주 심각하게 보지는 않지만 영향은 확실히 있습니다.

보통 6~14도 바운스 사이에서 많이들 쓰는데요. 이 도수의 차이는 웨지클럽을 바닥에 놓았을 때 '클럽 페이스*면이 바닥에 얼마나 떨어져 있느냐'

웨지의 바운스 각

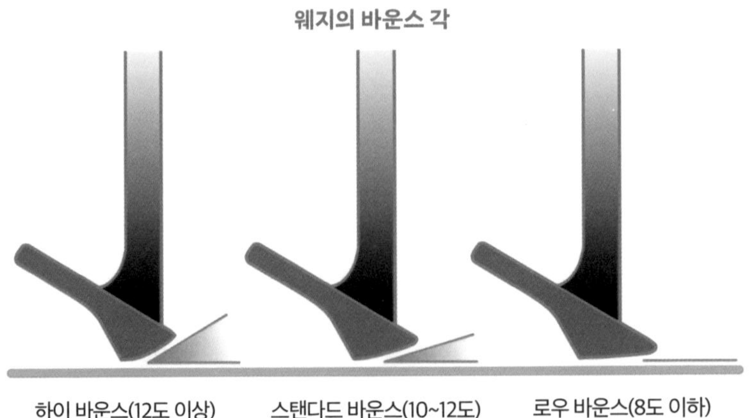

입니다. 6도 정도의 낮은 바운스는 클럽 페이스가 바닥에 붙어 있을 것이고, 14도 같은 높은 바운스면 페이스*가 바닥에서 떨어져 있을 것입니다.

페이스(Face)
클럽의 타구 면

예를 들어 A라는 골퍼는 웨지를 너무 찍어치는 스윙를 가졌습니다. 그래서 디봇이 너무 많이 나고, 벙커에 들어가면 클럽이 모래 속으로 깊게 들어가 벙커 미스를 합니다. 그럼 A골퍼는 웨지의 바운스 도수가 높은 14도를 쓴다면 웨지가 땅에 닿을 때 바운스가 먼저 닿게 되어 클럽이 덜 땅으로 들어가게 됩니다. 그럼 디봇이 적어지고 벙커에서는 모래에 깊이 들어가는 것을 방지합니다.

반대로 웨지샷에 디봇이 안 생기는 B라는 골퍼는 찍어치는 샷의 반대인 쓸어치는 타법을 가졌죠. 만약 이 높은 바운스를 사용하면 페이스의 제일 앞부분, 즉 리딩엣지에 맞아 타핑 같은 미스샷이 날 확률이 높습니다. 그러므로 B골퍼는 낮은 바운스를 사용해야 더 페이스가 바닥에 가깝기 때문에 더 좋은 결과의 샷이 나올 확률이 높습니다.

만약 너무 찍어치지도, 쓸어치지도 않고 적당히 샷을 하는 골퍼라면 중간 정도인 10~12도의 바운스 웨지를 선택하면 됩니다.

많이 찍어치거나, 쓸어치는 스윙을 하는 골퍼라면 바운스의 역할이 크다고 봅니다. 사실 스윙이 조금 잘못되었다면 먼저 교정을 해보시는 것을 추천드리고, 만약 교정이 잘 안 되는 경우엔 그때 웨지의 바운스를 생각하면 좋겠습니다.

퍼터의 특징

퍼터는 클럽의 특징이 제일 극단적인 디자인이 있는 클럽이죠. 헤드가 일자 형태도 있고, 헤드가 큰 말렛형도 있습니다. 그것을 기준으로 정말 다양한 디자인이 존재합니다. 이 수많은 퍼터 디자인 중에는 분명 본인에게 제일 잘 맞는 디자인이 있습니다.

퍼터는 크게 2가지로 나누어집니다. 일자퍼터와 말렛퍼터입니다. 일자는 작은 헤드의 디자인을 가졌습니다. 장점은 작은 헤드이기에 스윙이 편합니다. 즉 컨트롤이 쉽습니다. 말렛형은 큰 헤드이기에 흔들림이 적습니다. 단, 스윙을 하면 상대적으로 일자보다는 컨트롤이 쉽지 않습니다. 그럼 짧은

일자퍼터(위)와 말렛형 퍼터(아래)

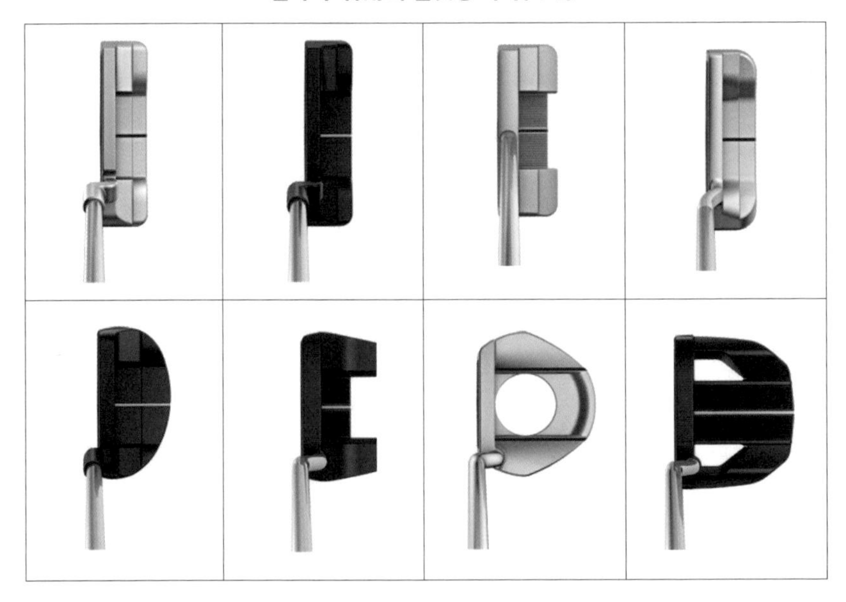

퍼팅은 긴장감도 있고 직진성을 중요시하니 큰 헤드인 말렛이 좋겠죠. 단, 말렛은 롱 퍼팅에서 무게감으로 거리감을 맞추기가 일자보다는 어려울 수 있습니다. 일자퍼터는 롱퍼팅에서 상대적으로 거리감을 맞추기 수월하죠. 단, 짧은 퍼팅에서는 직진성이 말렛보다는 약합니다.

이것이 보통 퍼터를 말하는 이론인데요, 퍼터의 헤드를 쉽게 생각해 무게가 있는 큰 망치와 작은 헤드를 가진 망치를 생각하면 좋겠습니다. 작은 헤드는 컨트롤이 쉽지만 맞추기 어렵고, 큰 헤드는 무게감으로 컨트롤은 어렵지만 일정함이 있죠.

사실 심짱은 일자를 주든, 말렛을 주든 다 맞추어 칩니다. 제가 잘한다는 것이 아니라 전 '숏퍼팅이냐, 롱퍼팅이냐'라는 기준보다는 퍼터를 잡았을 때 안정감과 정렬이 잘 나오는 것을 중요시하기 때문입니다.

퍼터는 디자인이 주는 안정감도 중요한 요소입니다. 보통 퍼터를 선택하는 이론이 앞에서 말한 내용이지만 여러분들은 그것을 기본으로 어느 퍼터가 디자인적으로 안정감을 주는지 보시고, 퍼팅을 해보았을 때 유독 어떤 부분이 약하다면 헤드의 크기에 변화를 주는 것을 추천합니다.

심짱의 꿀팁!

클럽을 구입할 때는 나에게 맞는 클럽을 찾아야 하지만, 골프를 막 시작한 골퍼라면 초보라고 해서 흔히 '초보용'이라고 하는 클럽을 구입할 필요는 없습니다. 그냥 일반적으로 판매하는 클럽들을 선택하면 됩니다.

골프클럽을 저렴하게 구입하는 방법이 있나요?

골프클럽을 사는 다양한 경로

골프를 시작하면 골프채를 구입해야 하겠죠. 하지만 가격을 알아보면 가격이 만만치 않고, 또 최근 들어 생각보다 점점 가격이 올라가죠. 골프채를 저렴하게 구입하는 방법을 알려드리겠습니다.

골프클럽을 구입하고자 하면 사람의 심리가 무조건 신제품을 구입하고 싶죠. 하지만 우리는 골프를 막 시작했기에 합리적인 방법으로 지출을 해야 합니다. 심짱이 생각하는 합리적인 구매 방법은 '1. 중고클럽 구매 2. 용품샵 3. 이월상품 4. 인터넷 구입'이 되겠습니다.

중고클럽을 구입하는 법

골프클럽은 중고로 거래가 많이 이루어집니다. 골프를 시작하는 골린이라면 처음엔 중고클럽을 사는 것을 심짱은 추천합니다. 중고는 네이버카페 같은 커뮤니티를 통해 구입할 수 있습니다. 중고거래 커뮤니티가 워낙 많고, 또 어느 커뮤니티가 좋다고 여기서 말할 수는 없지만 구매하고자 하는 클럽명을 쳐보면 중고거래가 활성화되어 있는 커뮤니티를 쉽게 찾을 수 있습니다.

중고마켓에서 구입하려면 정확하게 제품의 브랜드를 알아야 하고, 제품명을 정확히 알아야 합니다. 이것 역시 또 다른 공부지만 결과적으로 모든 골퍼들이 하는 공부입니다.

어떤 제품이 좋을지는 인터넷의 평이나 유튜브 같은 곳에서 제품의 리뷰를 보면 좋습니다.

그리고 골프클럽은 브랜드마다 잘나가는 클럽들이 있습니다. 예로 드라이버는 어느 브랜드가 인기가 있고, 아이언은 어느 브랜드가 인기가 있습니다. 즉 용품사 브랜드마다 잘나가는 골프클럽이 있으니 그것에 맞추어 선택을 하면 좋습니다.

단, 최근 골프가 워낙 열풍이다보니 인기 있는 용품은 빨리 나가고, 시중에 잘 나오지도 않습니다. 또한 개인 간의 거래이다 보니 제품에 하자가 있거나 짝퉁일 수도 있습니다. 그러니 브랜드마다 인증을 하는 정품인지, 그리고 구입처와 기간이 언제인지를 알고 구입해야 설령 제품에 문제가 있더라도 무상AS를 받을 수 있습니다.

용품샵에 직접 방문해보자

골프용품을 구입하고자 한다면 원하는 제품을 제일 저렴하게 구입하기를 원합니다. 그래서 인터넷을 통해 원하는 골프용품을 최저가로 제공하는 사이트에서 구입을 합니다. 하지만 '인터넷 최저가'라는 것은 누군가가 정해 놓은 금액인 경우도 있습니다. 즉 이 가격 이하로 내려가면 안 되는 룰이 있는 경우가 있죠.

심짱이 용품샵도 추천하는 이유는, 공개되어 있지 않는 금액은 오프라인 용품샵에 있기 때문입니다. 어느 샵이 더 저렴할지는 모르지만 공개되어 있는 인터넷 금액보다는 가격 정책이 좀 더 자유로운 곳이 바로 오프라인 용품샵이죠. 또한 용품샵에서 여러 가지를 한번에 구입한다면 가격을 좀 더 할인받아 살 수 있겠죠.

사실 용품샵 단골들은 확실히 인터넷 가격보다 저렴하게 구입하는 것은 맞습니다. 주변에 용품샵을 아는 분이 있다면 한번 물어보는 것도 좋겠죠. 만약 아는 분들이 없다면 한 번쯤 용품샵을 방문해 직접 용품을 만져도 보고 가격을 물어볼 수도 있습니다. 단, 발품을 팔아야 하는 번거로운 부분은 있겠죠.

이월상품을 구입하자

골프용품을 구입하고자 하면 우리는 항상 신제품이 눈에 들어오기 마련입니다. 화려한 디자인과 '전작 대비 몇 % 향상되었다'는 문구를 보면 일단 옛날 모델은 눈에 들어오지 않습니다.

분명 신제품은 좋아졌을 겁니다. 아니, 그래야만 합니다. 하지만 현실은 꼭 그렇지 않습니다. 브랜드의 이론으로 말하면 10년 전의 제품과 지금의 신제품을 비교하면 50% 이상 비거리든 방향성이든 그 어떤 것이든 향상되었어야 합니다. 하지만 현실은 그렇지 않죠.

선수들 중에는 요즘 신제품보다는 옛날 모델을 쓰는 선수들도 많습니다. 즉 '신제품이 무조건 좋다'는 생각을 일단 버리면 골프용품을 구입하는 데 있어 더 넓은 폭이 생기고, 생각 이상으로 비용을 절약할 수 있습니다.

모든 용품사는 신제품이 나오면 작년 모델을 빠르게 처분해야 합니다. 바로 그 이월상품을 저렴하게 구입한다면 합리적인 지출방법 중 하나가 됩니다.

우리가 골프를 하면서 1년에 한 번씩 골프클럽을 바꾸진 않습니다. 즉 주변의 대부분 사람들은 몇 년 전에 구입한 클럽을 여전히 사용하고 있죠. 골프를 이제 시작한다면 꼭 신제품만 구입하려 하지 마시고 이월상품을 구입하는 것을 추천드립니다.

인터넷 구입

사실 인터넷 구입이 제일 많이 이용되는 방법입니다. 특정한 브랜드에 최저가만 선택해 구입하면 끝이죠. 여기에 알려드리고 싶은 것은 요즘은 짝퉁이 많다는 점입니다. 너무 저렴하거나 병행수입(직구)으로 구입하는 제품들 중에는 짝퉁도 있다고 합니다.

나중에 중고로 판매할 것을 생각한다면 병행수입 제품은 높은 가격을 받기는 힘듭니다. 그래서 골프용품사의 정품을 구입하면 이런저런 걱정이 없어집니다. 단, 정품은 병행수입 제품보다 비싸죠. 또한 이상하게 항상 물건도 없습니다.

만약 비용이 부담되어 병행수입 제품을 선택한다면 믿을 수 있는 판매 사이트에서 구입하면 좋습니다. 그런 곳은 병행수입 제품이라도 AS를 보장합니다. 또한 짝퉁에 대한 걱정도 조금 덜 수 있죠.

심짱의 꿀팁!

레슨프로 등 주변에 브랜드사의 용품 협찬을 받는 프로들이 있을 것입니다. 그분들은 브랜드 용품사와 바로 아는 관계이니 "용품을 너에게 구입하면 싸게 구입할 수 있냐"는 얘기도 여러분은 할 것입니다. 하지만 실제로 협찬 용품사에 물어보면 결과적으로 오프라인 일반 용품샵의 이른바 '지인찬스'와 비교했을 때 큰 차이가 안 나는 경우가 많습니다. 결국 몇 만 원의 차이거나 같은 경우가 많습니다. '프로찬스'와 '지인찬스'는 별로 차이가 없으니 할인 폭 때문에 실망하지 말라는 꿀팁을 드립니다.

나에게 맞는 골프클럽 구성, 어떻게 해야 하나요?

초중급자 레벨로 클럽을 구입하자

골프클럽의 선택에서는 몇 가지 고려해야 할 상황이 있습니다. 먼저 본인의 레벨을 알아야 합니다. 골프클럽은 흔히 초급자, 중급자, 상급자 클럽으로 나누어집니다.

이렇게 구분 짓는 것은 골퍼들의 실력에 따른 클럽의 특징이 있기 때문입니다. 예로 프로들은 공을 치면 낮은 탄도로, 높은 탄도로, 왼쪽으로, 오른쪽으로 샷이 만들어집니다. 그렇다면 아이언으로 보면 헤드가 작아 컨트롤하기 좋고, 또 정타률이 좋으니 손맛이 좋은 클럽을 선호합니다.

반대로 초보 골퍼는 공이 휘어지는 것이 싫겠죠. 그렇다면 아이언으로 보면 헤드가 커서 어디를 맞아도 똑바로 가는 클럽이 좋을 것입니다. 또한 비거리가 더 나갈 수 있게 헤드의 각도를 세우거나 또는 더 높은 탄도가 나올 수 있는 클럽이 좋겠죠.

그럼 중급자라 함은 프로와 초보의 중간 정도라 보면 됩니다. 즉 아이언으로 보면 아주 작은 헤드 크기와 제일 큰 헤드 크기의 중간 크기로, 무조건 똑바로 멀리 가는 클럽보다는 샷의 컨트롤도 잘 되는 클럽입니다.

그래서 심짱은 여러분들이 골프를 시작했거나 중상급자가 되어도 중급자 클럽이라고 명칭하는 클럽으로 구성을 하면 좋겠습니다. 먼 훗날 상급자 레벨이 되어도 상급자 클럽을 사용하면 지속적인 연습량이 필요합니다. 즉 정타를 맞추고 샷 컨트롤 연습을 꾸준히 해야 하는데요, 일반 골퍼분들은 선수처럼 연습을 하는 상황이 아니니기 때문에 상급자 클럽은 멋은 있지만 과감히 포기하는 것이 좋습니다.

클럽의 세팅, 어떻게 해야 하나?

초중급자 레벨로 클럽을 본다면 먼저 중급자의 클럽을 선택하는 것이 좋습니다. 여기서 중요한 것이 '클럽의 세팅'이라고 하는 구성입니다. 즉 클럽마다 날아가는 비거리가 있습니다. 여기에 중복이 되는 클럽을 구성하면 안 되겠죠. 중복되는 비거리가 나오는 구간은 롱아이언과 유틸리티 그리고 우드클럽 사이에서 많이 나옵니다.

클럽별 비거리

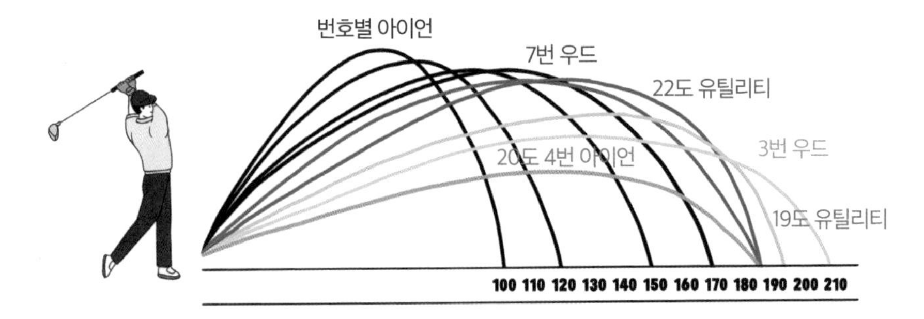

중복적 비거리는 보통 롱아이언클럽, 유틸리티클럽, 우드클럽에서 잘 나오기에 클럽별 도수를 확인하고 구입해야 한다.

예로 4번 아이언이 있습니다. 이 클럽은 20도의 헤드 로프트를 가지고 190m가 갑니다. 그럼 다음 클럽은 최소 200m 이상 날아가는 클럽을 구성해야겠죠. 만약 다음 클럽이 유틸리티 구성인데 약 22도 로프트를 가진 클럽이 있다면 아이언이나 유틸리티의 비거리 차이가 많이 나지 않을 것입니다. 다음 클럽은 유틸리티라면 3번에 19도 정도의 로프트를 가진 클럽을 선택해야 비거리의 차이가 날 것입니다. 여기서 아이언이 20도인데 유틸리티가 19도라면 별로 차이가 안 날 것 같지만, 클럽의 디자인으로 보면 유틸리티가 아이언보다 더 멀리 가는 구조를 가졌기 때문에 이 정도면 비거리 차이가 납니다.

만약 5번 아이언만 가지고 있다면, 다음은 유틸리티 22도 정도면 좋습니다. 즉 '아이언클럽이 몇 번까지 있느냐'에 따라 유틸리트 클럽을 선택하고, 그 다음에 우드클럽을 선택하면 좋습니다.

골퍼마다 스윙의 성향이 다르기에 아이언 구성을 많이 할지, 아니면 유틸리티를 2개 이상 넣을지, 혹은 우드를 더 구성해 넣을지는 사람마다 다릅니다.

심짱은 5번 아이언까지 구성을 하고 다음으로 드라이빙 아이언 3번, 그리고 5번 우드를 구성했습니다. 그럼 각 아이언마다 비거리가 명확하게 차이가 납니다. 단, 드라이빙 아이언은 낮은 탄도로 190~200m를 보는데요, 만약 이 클럽이 안 맞는 날에는 유틸리티 19도를 넣어 그 구간의 비거리를 냅니다. 단, 유틸리티는 높은 탄도가 나옵니다.

심짱의 꿀팁!

골프를 오래 하다 보니 구성도 중요하지만 나에게 잘 맞는 클럽들이 있습니다. 그래서 클럽들로 주로 구성하게 되더군요. 그런데 신기하게 어느 날부터인가 그 잘 맞던 클럽들이 안 맞고, 다른 클럽들이 잘 맞습니다. 그때는 다시 거금을 써가며 새롭게 잘 맞는 클럽들로 구성을 하는 슬픈 스토리도 있답니다.

샤프트는 내 스윙스피드에 맞춰야 한다는데 무슨 뜻이죠?

샤프트의 강도, 어떻게 선택하나?

골프클럽에서 중요한 것 중 하나가 샤프트입니다. 골프클럽을 선택할 때 헤드는 똑같습니다. 하지만 샤프트의 강도는 선택해야 합니다.

쉽게 설명해서 투어프로들이 사용하는 샤프트는 그 선수들의 스윙스피드에 맞게 강하겠죠. 그것을 일반 골퍼들이 사용한다면 아마 볼 탄도와 비거리가 적게 나올 것입니다. 반대로 투어프로가 일반 골퍼가 사용하는 샤프트를 사용하면 너무 약해서 방향성에 문제가 있을 것입니다.

즉 모든 골퍼는 본인에게 맞는 샤프트 강도를 사용하면 좋습니다. 기본적으로 샤프트마다 골퍼들의 헤드스피드, 볼스피드에 추천하는 샤프트 강도가 있습니다. 하지만 골린이 분들은 나에게 맞는 샤프트를 선택하는 것이 애매한 경우가 있습니다.

처음 골프를 시작한 초보 골퍼라면 아무래도 비거리가 잘 나오지 않습니다. 그것에 기준을 맞추어 샤프트를 선택하다 보면 추후 실력이 좋아져서 스윙스피드가 빨라진다면, 그때 다시 샤프트를 교체해야 할지 애매한 경우가 생기기도 합니다. 또한 스윙스피드가 어느 정도까지 올라갈 것인가도 의문점이겠죠.

반대의 경우도 있습니다. 즉 스윙스피드가 줄어드는 경우도 있습니다. 그럼 그때는 다시 약한 샤프트를 사용해야 하는지, 참 애매하죠.

더 재미있는 것은 시중에 나와 있는 다양한 샤프트는 똑같은 강도라 하더라도 용품사마다 다른 강도가 나온다는 점입니다. 이것까지 알게 되면 무척 고민이 생기죠.

일단 중간단계인 SR 강도가 무난하다

그래서 심짱은 일단 중간단계인 SR(Stiff Regular) 강도를 추천합니다. 보통 여성분들이 사용하는 L(Lady) 강도, 남성분들이 사용하는 R(Regular), SR, S(Stiff) 강도가 대표적입니다. 당연히 더 위의 강도들도 있지만 보통 프로들이 사용하는 강도입니다.

샤프트 표시 중 R은 보통이며, S는 강한 강도입니다. 그 중간이 SR입니다. 처음 골프를 한다면 SR이 좋겠습니다. 단, 덩치가 작거나 힘이 원래 없는 분이면 R을 선택하는 것이 좋습니다. 그 반대로 덩치가 있고 힘이 좋은 분이라면 S를 선택하는 것이 좋겠죠.

샤프트는 민감한 부분이지만 의외로 강도별로 공을 쳐보면 아주 큰 차이를 느낄 정도는 아닙니다. 샤프트의 강도를 민감하게 느낄 정도면 어느 정도 골프 실력이 높은 레벨입니다.

샤프트는 한번 알기 시작하면 계속 빠져들게 되어 있습니다. 골린이인 현재는 너무 샤프트에 대해 민감하게 받아들이지 말고, 실력이 높아져서 평균적인 비거리와 방향성이 마침내 나올 때 제대로 나에게 맞는 샤프트를 선택하는 것이 좋겠습니다.

심짱의 꿀팁!

보통 샤프트 회사들은 골퍼들의 헤드스피드와 볼스피드만 알아도 평균적인 데이터로 샤프트 강도를 추천해줍니다. 나의 스피드를 알려면 주변의 스크린골프장이나 시뮬레이터 시스템이 있는 골프연습장을 가시면 볼스피드와 헤드스피드 값을 측정해줍니다. 그것을 알고 계시면 지금 쓰고 있는 샤프트가 내 스피드와 맞는지 알 수 있습니다.

골프공 종류가 엄청 많던데 어떤 것을 선택해야 할까요?

비싼 공이라고 무조건 좋은 게 아니다

심짱이 골프공을 선택한다고 하면, 가장 먼저 떠오르는 것이 '골프공이 몇 피스냐'입니다. 골프공은 대표적으로 2피스, 3피스, 4피스로 나누어져 있습니다. 이 피스라 함은 쉽게 설명해 '공의 커버가 몇 겹으로 되어 있느냐'는 것입니다.

2피스의 경우에는 공을 반으로 잘라보면 공을 감싸는 표면의 커버를 1피스, 그 안을 2피스라 합니다. 만약 3피스라면 2피스 안에 한 개의 원이 더 존재합니다. 이렇게 피스가 많을수록 공

스핀(Spin)
임팩트 후 공에서 생기는 회전

골프공 단면도

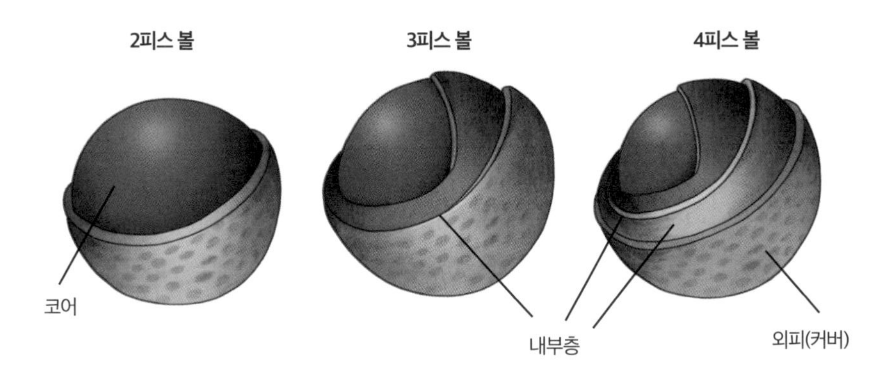

의 탄성과 스핀*량 등이 더 좋다고 합니다.

골프공 하면 먼저 떠오르는 건 역시나 가격입니다. 골프공이 그렇게 저렴하지 않습니다. 흔히 좋은 공을 써야 좀 더 멀리 가고 모든 부분에서 좋을 것 같다는 생각을 합니다. 하지만 골프는 산과 헤저드가 있는 자연에서 플레이하기 때문에 공을 참 잘 잃어버리죠. 초보 골퍼라면 그날 하루에만 공을 10개 이상 잃어버리기도 합니다. 골프 라운드를 가서 공을 몇 개씩 잊어버리면 비용이 만만치 않습니다.

그렇다고 무언가 저렴한 공을 쓰는 것은 성능적으로 부족한 듯한 느낌도 있어 아주 저렴한 공을 선택하기가 어렵습니다. 하지만 심짱은 꼭 그렇지도 않다고 생각합니다.

프로에게 좋은 공이 아마추어에겐 아닐 수 있다

심짱의 유튜브에서 공 실험을 한 적이 있습니다. 어느 날 앞에서 말한 궁금증을 갖고 키고스의 로봇스윙으로 실험을 했죠. '2피스, 3피스, 4피스의 비거리 차이가 얼마나 날까?' 실험 결과 모두 큰 차이가 나지 않았습니다. 그런데 차이나는 것은 백스핀이었습니다.

2피스에 비해 3피스와 4피스가 백스핀량이 많이 나왔습니다. 즉 3피스, 4피스가 웨지나 아이언으로 갈수록 더 백스핀량이 많아진다는 것인데요, 그렇게 되면 그린 위에 공이 떨어지면 공이 제자리에 멈출 가능성이 높아집니다. 이것은 상급자 골퍼나 프로들에게는 중요한 포인트입니다. 하지만 초보 골퍼에게도 그럴까요?

3피스, 4피스의 공이 스핀이 많이 걸린다는 것은 좋은 점만 있는 것은 아닙니다. 예로 드라이버 미스샷을 쳤다면 백스핀과 사이드스핀*이 많이 걸리게 됩니다. 즉 오른쪽으로 휘어지는 슬라이스성 구질을 가진 골퍼가 2피스와 3피스로 공을 친다면 3피스 공이 더 오른쪽으로 날아갈 확률이 높습니다. 그만큼 스핀량이 많기 때문에 더 휘어지는 원리죠.

또한 어프로치를 할 때도 마찬가지입니다. 내가 떨구고자 하는 거리에 공이 떨어지면 얼마나 굴러갈 것인지 상상해 홀컵에 붙이는데요, 스핀이 많은 공들은 정타 여부에 따라 스핀량이 달라져 생각한 것보다 더 굴러가거나 또는 더 스핀이 걸려 공이 멈추는 경우가 있습니다.

사이드스핀(Side spin)

공이 옆으로 회전하는 것. 우회전을 하면 슬라이스의 원인이 되고, 좌회전을 하면 훅의 원인이 됨

그렇다면 골린이 분들에게 어울리는

공은 따로 있겠죠. 즉 드라이버 티샷에는 스핀량이 적은 공, 즉 설령 미스샷을 쳐도 공이 오른쪽이나 왼쪽으로 덜 휘어지는 공을 선택하는 것이 좋습니다. 또한 아이언이나 어프로치의 경우에도 정타률에 따라 스핀량이 차이가 나는 공보다는 적당한 스핀이 있는 볼이 좋겠죠. 결과적으로 골린이 분들에게는 2피스 공이 더 어울립니다.

더욱이 이런 2피스 공은 상대적으로 저렴하게 판매하고 있습니다. 공을 많이 잊어버리는 골린이분들에게 그나마 가격의 부담도 적어지겠죠.

심짱의 꿀팁!

많은 골퍼들이 골프를 시작할 때 공을 많이 잃어버립니다. 그래서 가격의 부담이 적은 로스트볼을 사용하는데요, 심짱이 그 로스트볼로 키고스의 로봇스윙을 통해 실험을 해보았습니다. 몇 개의 공은 평균적으로 좋았지만 몇 개의 공은 성능의 저하가 크게 나왔답니다. 아무래도 겉은 멀쩡해도 공 내부에 문제가 있겠죠. 심짱은 로스트볼을 구입하기보단 골프볼 중 새볼로 최저가 볼을 사는 것이 더 좋다고 생각합니다.

골프화는 어떤 것을 장만하는 게 좋나요?

골프화는 의외로 중요하다

골프화는 골퍼에게 상당히 민감하고 중요한 부분입니다. 골프화는 샷을 할 때 발을 잘 잡아줘야 하고, 4시간 이상 필드 플레이를 하기에 편한 골프화여야 합니다.

골프화는 다양한 브랜드와 형태가 있습니다. 여기서 심짱의 경험으로 골프화를 추천해드리겠습니다.

먼저 골프화 브랜드 선택에 대해 말씀드리면, 스포츠 계열의 브랜드에서 만든 골프화들은 대부분 좋다고 생각합니다. 아무래도 오랜 시간 동안 골프화를 전문적으로 만들어온 경험이 있는 브랜드를 선택하면 좋겠습니다.

골프화를 직접 신어보고 선택한다면, 골프스윙 시 골프화가 발을 얼마나 잡아주는지 보셔야 합니다. 스윙중 피니쉬* 동작에서 왼발이 틀어지게 됩니다. 그때 골프화가 발을 잘 잡아주는지 보면 좋습니다. 심짱이 많은 골프화를 신어보니 아무래도 가죽으로 만들어진 제품은 발을 더 잘 잡아주더군요. 또한 걸을 때 편하지만 발 전체를 감싸고 있는 느낌이 나는 골프화가 좋습니다.

피니쉬(Finish)
스윙의 마무리 자세

스파이크형 골프화와 스파이크리스형 골프화

골프화는 크게 스파이크형의 골프화와 스피이크가 없는 스파이크리스형 골프화로 나누어집니다. 심짱은 스파이크리스형 골프화를 주로 이용합니다. 그 이유는 스파이크 징이 있는 골프화는 필드에서 잔디에 밀림을 더 잡아주는 장점은 있지만 바닥과의 밀착력은 스파이크리스보다 부족하기 때문입니다.

그리고 무엇보다 연습장에서 연습을 할 때는 골프화의 스파이크징 때문에 밀착력이 떨어져 스윙할 때 불편함을 느끼기도 합니다. 또한 스파이크형 골프화는 연습장에서의 느낌과 필드에서의 느낌이 다르게 느껴져 이질감이 있습니다.

그래서 심짱은 스파이크리스형 골프화를 주로 이용합니다. 스파이크형 골프화의 최고의 장점은 필드에서 스윙할 때 발이 밀리는 것을 방지하는 것인데요. 스파이크리스형도 특별하게 밀림이 없기 때문에 충분히 좋다고 말

골프화의 바닥면 비교

왼쪽이 스파이크리스형 골프화이고, 오른쪽이 스파이크형 골프화이다.

씀드립니다.

특히 우리나라 골퍼의 경우 연습장에서 운동하는 경우가 많습니다. 그렇다면 징이 있는 골프화보다는 스파이크리스형 골프화가 더 발이 편하다는 것을 느낄 수 있습니다.

스파이크리스형 골프화에는 정말 다양한 종류가 있는데요, 저는 골프화의 바닥면을 많이 봅니다. 모양이 단순한 것보다는 골프를 생각한 바닥 디자인인지 살펴봅니다. 그리고 조금 딱딱한 바닥을 선호합니다. 앞에서 말한 것처럼 골프화는 스윙중에 발을 잘 잡아줘야 하는데요, 너무 연한 느낌의 골프화 바닥은 잡아주는 것이 약합니다. 조금은 딱딱한 재질의 바닥이 있는 것이 좋습니다.

대회에서 프로선수들이 어떤 골프화를 신고 있는지 보면 도움이 됩니다. 골프화는 선수들에게 협찬을 많이 하지만, 그래도 불편하면 절대 신을 수 없겠죠. 선수들은 골프화만큼은 협찬 여부를 떠나 본인이 좋아하는 제품을 많이 이용하므로 어떤 제품을 신고 있는지 보면 유심히 브랜드와 종류가 나옵니다.

심짱의 꿀팁!

심짱이 다양한 골프화를 사용해보고 내린 결론은 투어선수들이 신고 있는 골프화를 따라 사면 좋다는 것입니다. 선수들은 골프장에서는 계속 걸어 다닙니다. 그리고 샷을 할 때는 신발에 워낙 민감하죠. 이런 상황을 고려해본다면 선수들이 신고 있는 골프화는 나름 검증된 골프화라고 생각합니다.

골프장갑, 골프티 등 소품은 어떻게 고르나요?

골프장갑

골프장갑은 대표적으로 양피장갑과 합피장갑으로 나누어집니다. 각각의 장점과 단점이 있죠.

양피장갑은 그립을 잡았을 때 밀착감과 손의 느낌이 좋습니다. 단, 빨리 떨어지고 늘어납니다. 반면에 합피 장갑은 질기고 잘 떨어지지 않지만 밀착감과 손의 느낌이 양피장갑보다는 좋지 않은 경우가 많습니다.

그래서 보통 투어프로들은 양피장갑을 선호합니다. 양피장갑은 잘 떨어지고 잘 늘어나도, 사용 시 밀착감은 너무 좋죠. 하지만 일반 골퍼들은 비싼 양피장갑을 사용하기엔 부담스럽습니다. 아무래도 연습장에서 장갑을 이용하는 시간이 더 많기 때문이죠.

연습할 때는 잘 떨어지지 않는 합피장갑을 사용하고, 필드에서는 밀착감이 더 있는 양피를 사용해도 좋습니다. 단, 이 두 장갑의 느낌에 민감한 분이라면 한 종류의 장갑을 이용하는 것도 좋겠습니다.

저는 2가지 다 사용하지만 요즘은 합피장갑을 이용합니다. 왜냐하면 연습을 합피로 하고 필드에서 양피장갑을 쓰니 그 동안의 느낌이 어색해져서 계속 합피장갑을 씁니다. 합피장갑이 양피장갑보단 밀착감이 조금 떨어져도 사용하는 데 전혀 문제될 게 없더군요. 만약 양피장갑을 1개 살 돈이 있다면 전 좋은 합피장갑을 2개 사겠어요. 자주 갈아 끼면 밀착감도 나쁘지 않더군요.

골프티

골프티는 과거에는 나무티만 있었습니다. 그래서인지 지금도 많은 투어 프로들은 주로 나무티를 이용합니다. 그런데 요즘은 골프티가 정말 다양해졌습니다. 디자인부터 기능성까지 골프티의 종류는 다양합니다. 귀여운 디자인도 있고, 티높이가 조절되는 티도 있고, 분실을 조금이나마 방지하는 티도 있죠.

저는 골린이 분들에게 잘 부서지지 않는 티, 즉 플라스틱 골프티를 추천합니다. 또한 티샷 후에도 잘 찾을 수 있는 티를 추천합니다. 심짱은 전통적인 나무티를 썼지만 너무 잘 부러져서 요즘에는 나무티 모양의 플라스틱 티를 씁니다.

골프모자

골프모자는 당연히 골프 브랜드의 이름이 있는 모자를 잘 씁니다. 골린이 분들도 좋아하는 스타일을 선택해서 쓰면 되겠지요. 단, 꼭 골프 브랜드의 골프 모자를 쓸 필요는 없겠죠. 여러분들이 가지고 있는 아무 모자를 써도 전혀 무방합니다.

사실 심짱은 골프 브랜드 모자를 쓰는 것을 싫어합니다. 그 이유는 골프하는 사람들이 너무 똑같은 모자를 많이 쓰기 때문입니다. 골프도 개성시대이니, 여러분들은 꼭 골프모자가 아닌 지금 가지고 있는 모자를 착용해도 좋습니다. 조금은 나만의 골프모자 스타일도 좋을 듯합니다.

볼마커

볼마커는 다양한 디자인이 있습니다. 귀엽고 개성 있는 여러 가지가 있죠. 단, 볼마커가 너무 커서 다른 사람들의 퍼팅라인에 걸려서 방해를 주면 안 되겠습니다.

볼마커는 커도 좋지만 너무 두껍지 않은 마커면 좋겠습니다. 즉 다른 동반자 플레이어가 퍼팅을 했는데 마커 위를 지나갔을 경우 방향이 크게 달라지지 않을 듯한 마커면 좋겠습니다.

심짱의 경험과 개인적인 취향으로 골프장갑, 골프티 등의 소품에 대해 설명드렸지만 사실 아주 중요한 것도 아니고 직접 경험을 해보는 것이 제일 좋겠죠. 다만 제품이라는 것이 모두가 좋다고 해서 구입해보면 크게 실망

하는 경우도 있습니다. 제 경험으로 골프장갑이 양피인데 너무 저렴하고 평도 좋고 해서 구입했는데, 몇 번 쓰다 보니 그냥 찢어지더군요. 그리고 기회가 돼 나중에 골프장갑을 만드는 분을 직접 만났는데요, 가죽 염색제도 그리 좋은 것을 쓰지 않는다고 합니다. 결국 싼 것은 다 이유가 있다는 것이죠. 결국 지속적으로 구입해야 하는 제품들은 이것저것을 구입해보고 본인에게 잘 맞는 것을 선택하면 좋습니다.

심짱의 꿀팁!

골프를 하다 보면 소품들을 자주 구입하게 됩니다. 그런데 제품의 퀄리티도 중요하지만 제가 골프를 오래 해보니 은근히 재미있고 디자인이 좋은 것을 찾게 되더군요. 그런 제품을 가지고 있으면 주변 지인들도 관심을 가지게 되고, 골프를 함께 하면서 작은 미소를 만들어 내기도 합니다.

골프를 배워야겠다는 생각이 들면 고민에 빠집니다. ‘연습장을 잘 찾고 레슨프로를 잘 만나야 된다던데’라는 고민도 하죠. 또는 독학으로 ‘나홀로 도전’도 생각하게 됩니다. 그런데 막상 골프를 시작하면 매일마다 다른 스윙을 하는 것 같고, 또한 그 간단하게 보이는 동작을 잊어버리는 경우도 많습니다. 그래서 3장에서는 골프의 기초스윙을 중심으로 초보 골퍼들이 흔하게 하는 실수와 그것을 교정하는 방법에 대해 알려드립니다. 특히 연습장뿐만 아니라 집이나 사무실 같은 곳에서 골프스윙을 연습할 수 있는 방법을 알려드립니다.

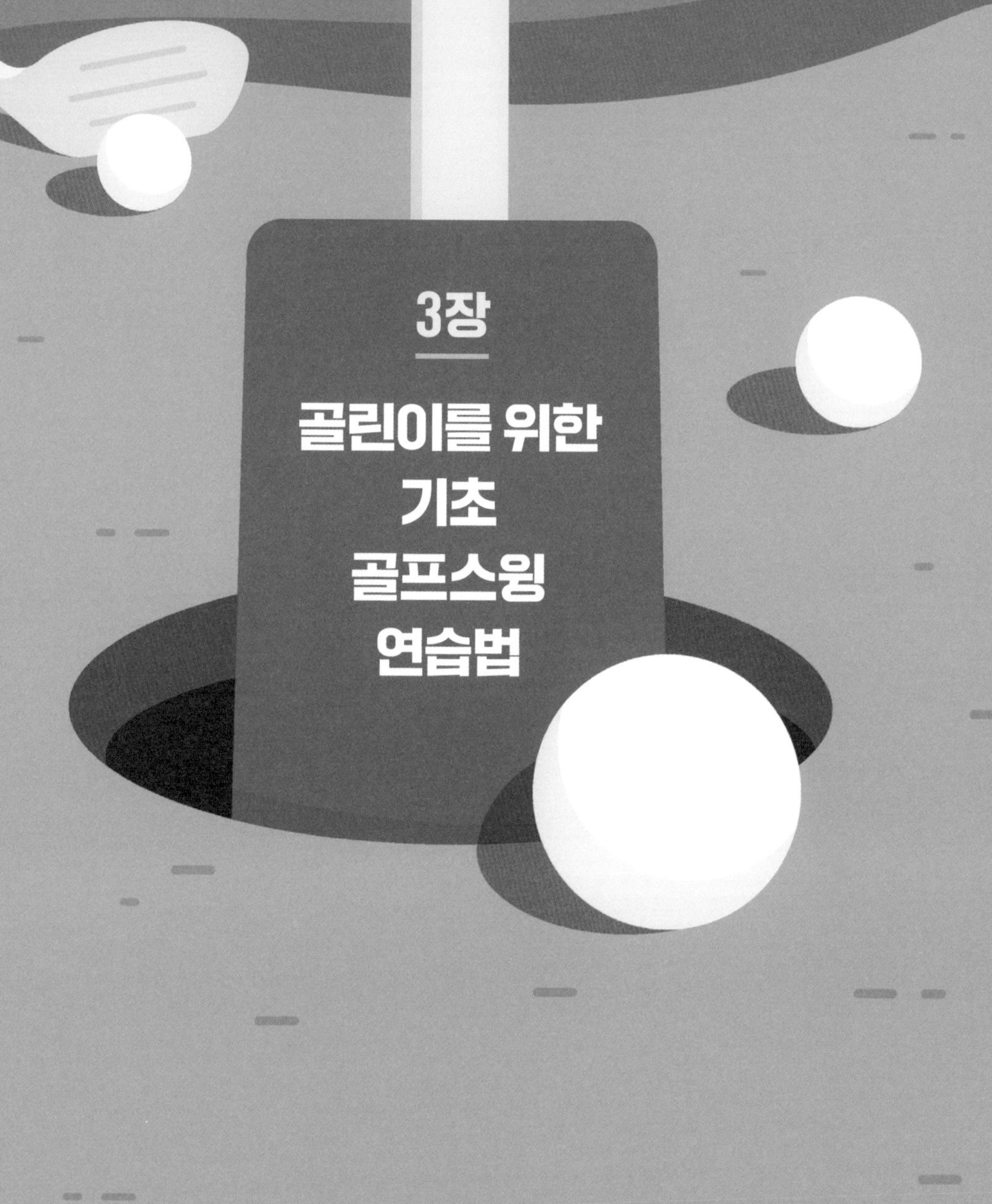

3장

골린이를 위한 기초 골프스윙 연습법

나에게 맞는 골프스윙을 어떻게 찾아야 하나요?

나에게 맞는 스윙을 찾는 험난한 여정

골프스윙은 알면 알수록 참 어렵고 복잡합니다. 프로들은 너무나 간단하게 잘하고 있는 그 간단한 동작이 왜 이리 안 되는지 모르겠다는 분들이 정말 많습니다.

그 이유 중 하나는 나에게 맞지 않는 스윙을 하고 있을 수 있다는 것입니다. 그러기에 우리는 레슨프로가 바뀔 때마다 스윙이 바뀌고 또 평생 스윙을 바꾸게 됩니다. 나에게 맞는 골프스윙을 찾는다면 완벽하게 편하고 이해가 가는 스윙으로 평생 잘 칠 수 있습니다.

나에게 맞는 스윙이란 무엇일까요? 사람의 몸은 다 다르죠. 체중이 많이 나가고 적게 나가고, 근력이 많고 적고, 팔이 길고 짧고 등 다양합니다. 이것을 감안한 스윙을 배운다면 더 빠르게 골프를 배울 수 있습니다.

이 부분은 어려운 이야기일 수 있지만 의외로 간단하게 나에게 맞는 스윙을 찾을 수 있습니다.

내가 가능한 스윙을 장착해야 한다

여러분들의 체형과 나이 등 근력, 유연성 등을 생각해봅니다. 그리고 TV에 나오는 투어프로들의 스윙을 찾아봅니다. 만약 덩치가 있다고 가정했을 때 투어프로들 중 덩치가 있는 프로들의 스윙을 보시면 거의 비슷한 스윙의 형태를 보입니다. 또 나이가 있다고 본다면 시니어투어에서 활동하는 선수들의 스윙을 보시면 좋습니다. 여성골퍼도 마찬가지로 여성프로들 중 나이대와 체형을 생각해서 보면 좋습니다. 분명 차이가 있습니다. 여성프로와 남성프로의 스윙이 다르듯 나이와 체형에 따라 스윙이 다릅니다.

하지만 골린이 분들이라면 프로들마다의 스윙이 정확하게 어디가 어떻게 다른지 모를 수 있습니다. 그럼 또 다른 방법이 있습니다.

요즘은 프로들이 유튜브에서 레슨을 많이 합니다. 그때 나와 체중이 비슷하거나 나이대 또는 근력이 비슷한 프로들의 레슨 동영상을 보면 추구하는 방식이나 또는 그 프로의 스윙을 볼 수 있습니다.

조금만 신경 쓰고 본다면 투어프로들이나 레슨프로들의 스윙이 다르다는 것을 알 수 있습니다. 골퍼마다 멋진 스윙을 따라하고 싶지만, 우리는 현실을 잘 알고 내가 가능한 스윙을 해야 합니다.

심짱은 개인적으로 로리 맥킬로이의 스윙을 좋아합니다. 하지만 제가 그 스윙을 따라해보면 그대로 잘 안 되고, 심지어 허리가 아프다는 것을 느낄 수 있습니다.

PGA에서 엄청난 장타를 날리는 골퍼 브라이슨 디섐보의 스윙을 보면, 멋스러움은 없어보이지만 본인의 몸을 잘 활용하고 최고의 비거리를 내고 있습니다. 만약 디섐보가 로리 맥킬로이의 스윙이 멋있다고 해서 따라한다면 그 스윙이 나올 수 있을까요? 비슷하게 할 수는 있어도 결과적으로 정확한 방향과 비거리는 나오지 않을 것입니다.

결과적으로 골린이 분들은 너무 프로들의 스윙을 따라하기보단 내 몸이 할 수 있는 동작까지 해야 하며, 레슨을 받을 때 불편함을 느낀다면 레슨프로에게 솔직하게 말해야 합니다. 그런 다음 몇 달이 지나도 어떠한 동작이 되지 않는다면 과감하게 다른 동작을 시도해보는 것도 좋습니다.

심짱의 꿀팁!

골프를 시작하면 안 쓰는 근육들을 쓰게 되고, 몸을 많이 회전하게 되죠. 그럼 유연성도 필요합니다. 처음에는 어느 누구에게나 어려운 것이 골프스윙 동작이므로 매일 집에서 유연성을 위한 체조와 골프동작을 최소한 몇 개월 정도는 해보고, 그동안 다양한 매체를 통해 나에게 맞는 골프스윙 동작을 찾으면 좋겠습니다.

골프그립을 올바르게 잡는 방법은 뭔가요?

▶ 골프그립을 잡는 법

QR코드를 스캔하셔서 동영상 강의를 보신 후에
이 칼럼을 읽으시면 훨씬 이해가 잘됩니다!

늘 알쏭달쏭하고 힘든 그립 잡기

심짱은 골프를 오랫동안 했어도 골프그립의 중요성을 잊지 않고 있습니다. 사실 상급자나 프로들도 매일 생각해보는 것이 그립일 것입니다. 왜냐하면 이 그립을 어떻게 잡느냐에 따라 스윙의 궤도와 구질이 달라지기 때문입니다.

프로들은 스윙을 하면서 편한 느낌과 힘을 줄 수 있는 최고의 그립 모양을 찾으려고 노력하죠. 하지만 골프를 막 시작한 골퍼들은 그립이 항상 불편하기만 할 수 있고, 무엇이 정확하게 맞는 것인지도 모를 수 있습니다.

무엇보다 그립은 불편하지 않을 때까지 잡아줘야 편안함과 힘을 잘 쓸 수 있답니다. 그리고 골린이 분들은 자주 잡아줘야 그립에 힘이 조금 빠질 수 있습니다. 그럼 어떻게 그립을 잡아야 할까요?

골프그립, 일단 느낌보다 모양을 만들어보자

골프채로 잡으면 좋겠지만 우리는 어디서나 연습을 해야 하므로 A4 사이즈 종이를 준비합니다. 그 종이를 돌돌 말아 골프그립의 모양을 만듭니다. 한쪽은 조금 얇게, 한쪽은 조금 두꺼운 모양으로 골프그립의 모양을 상상하면서 만들면 됩니다.

종이그립 잡기

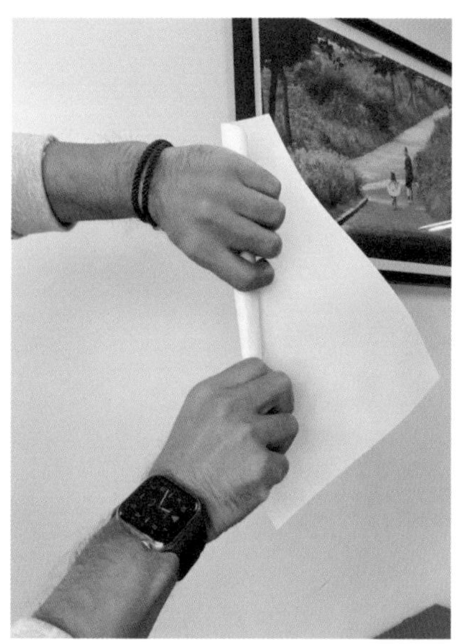

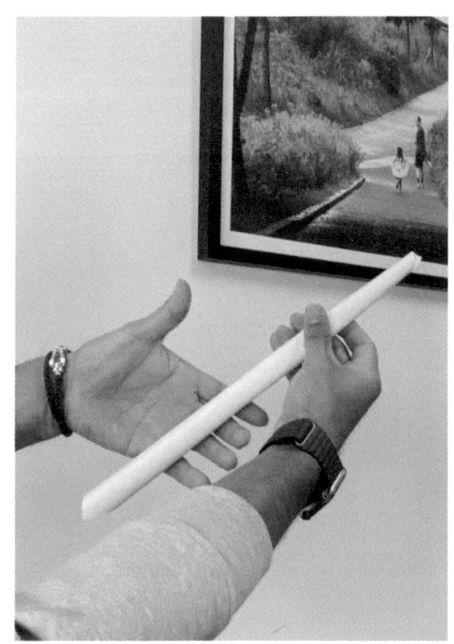

A4 용지로 이 사진처럼 만들어 골프그립을 연습한다.

뉴트럴 골프그립(정면)

1. 너클 2개가 보여야 한다.
2. 검지와 엄지가 밀착해 선이 만들어져야 한다.

뉴트럴 골프그립(측면)

왼손은 약지손가락부터 손가락으로 잡아줍니다. 그리고 검지와 엄지를 모을 때 선이 만들어져야 합니다. 위에서 보았을 때 주먹의 너클이 2개 이상 보이게 해주세요.

이제 오른손입니다. 오른손이 많이 어렵습니다. 중지손가락은 손가락으로 잡지만 깊숙이 잡아줍니다. 그리고 새끼손가락은 왼손의 검지 위에 올려줍니다. 그리고 오른 손바닥의 살짝 들어간 부분을 왼손 엄지와 퍼즐 맞추듯 살짝 올립니다. 검지와 엄지는 선이 만들어지게 모아줍니다.

골프그립은 항상 어색하기에 느낌보단 모양을 만들어서 그것이 익숙할 때까지 잡아주는 것이 좋습니다.

심짱의 꿀팁!

일반골퍼가 프로를 따라 할 수 있는 유일한 것이 그립과 어드레스입니다. 그리고 어디서나 연습할 수 있는 부분입니다. 만약 골프연습장에서 레슨을 받는다면 그립과 어드레스에 많은 시간을 들여 배우게 되는데요, 레슨비를 절약하려면 그립과 어드레스는 집에서 미리 연습해가면 레슨프로는 다른 스윙적인 부분에 더 신경을 써줄 것입니다.

어드레스를 편하게 잡는 방법이 있나요?

▶ 올바른 어드레스 자세
QR코드를 스캔하셔서 동영상 강의를 보신 후에
이 칼럼을 읽으시면 훨씬 이해가 잘됩니다!

어드레스 제대로 하려면 연습 또 연습!

어드레스를 설 때는 가방 하나를 준비해주세요. 가방을 두손으로 모아잡고, 차렷자세로 서 있습니다.

1단계, 등을 계속 펴는 것을 먼저 생각해주세요. 2단계, 등이 펴져 있는 상태에서 상체를 조금 앞으로 숙입니다. 그때 가방의 무게가 느껴지게 합니다. 3단계, 무릎을 살짝만 굽혀줍니다.

어드레스 시 제일 안 되는 것이 등이 자꾸 굽혀진다는 것입니다. 항상 등을 펴져 있게 하는 것이 중요합니다. 이렇게 상체를 굽혀놓고 가방의 무게를 느끼며 힘을 빼보는 자세를 만들어봅니다.

올바른 어드레스(정면)

7번 아이언 기준으로 공의 위치는 중앙보다 살짝 왼쪽이다.

올바른 어드레스(측면)

겨드랑이와 무릎이 일직선이어야 한다.

골프클럽이 있다면 클럽을 잡고, 없다면 우산을 잡고 똑같은 느낌으로 어드레스를 만들어보세요. 어드레스에서 중요한 핵심은 힘을 빼고 편한 자세를 잡고 있는 것입니다.

이제는 골프클럽으로만 더 정확한 어드레스를 서보는 연습을 합니다. 먼저 클럽의 그립을 잡고 등을 펴고 상체를 숙이고, 그 다음 무릎을 살짝만 굽혀줍니다. 여기서 오른쪽 어깨를 살짝만 기울여줍니다. 동시에 오른쪽 팔꿈치를 몸쪽으로 굽혀주세요. 즉 왼쪽 팔은 펴져 있고, 오른쪽 팔은 굽혀져 있게 합니다. 이 자세가 되면 손에 힘이 들어가게 되는데요, 이럴 때도 최대한 가볍게 자세를 잡기를 반복합니다.

아마추어들의 공통적인 어드레스 실수들

어드레스를 아마추어 골퍼들에게 알려주면 공통적으로 실수하는 것들이 있습니다.

우선, 등을 많이 굽히고 고개를 너무 숙이고 있습니다. 등과 고개를 쭉 펴시길 바랍니다. 그런데 원래 등이 굽어 있는 분들도 있습니다. 그렇다면 별도로 등을 펴주는 스트레칭이나 등 펴는 도구를 구입해서 펴주어야 합니다. 어드레스에서 등이 굽혀 있으면 좋은 스윙으로 연결하기 어렵습니다. 꼭 등을 펴야 합니다.

어드레스의 흔한 실수(등을 굽힘)

처음 어드레스를 배우면 등이 잘 펴지지 않는다. 최대한 등을 펴야 한다.

어드레스의 흔한 실수(무릎을 굽힘)

보통 초보 골퍼 때는 무릎을 너무 많이 굽힌다. 느낌만 날 정도로 아주 살짝만 굽혀주면 된다.

그리고 무릎을 많이 굽히는 자세를 합니다. 알려드려도 자꾸 많이 굽히는데요, 항상 머릿속에 '펴져 있는 무릎을 아주 살짝만 굽힌다'는 생각을 해주시길 바랍니다.

발의 모양과 간격을 일정하게 해줘야 하는데, 아마추어 골퍼들은 매 샷마다 다르게 서는 경우가 많습니다. 발은 11자에서 약간만 발가락 쪽을 벌려주시고, 7번 아이언의 발의 간격은 어깨 넓이보단 살짝 넓게 서주세요. 항상 이 자세가 일정하도록 해주시면 좋습니다.

어드레스에서 제일 중요한 것이 어깨의 방향입니다. 어깨가 항상 타깃 방향으로 열려 있는 경우가 많습니다. 항상 발의 정렬과 같아야 하므로, 어깨도 일자로 정렬을 잘 해야 합니다.

이상의 내용들이 보통 골퍼들이 항상 실수하는 어드레스 자세입니다. 잊지 마시고 항상 동일한 어드레스를 서주세요.

심짱의 꿀팁!

어드레스를 연습할 때는 거울을 보고 하면 좋습니다. 내가 서 있는 자세를 내 스스로 못보기에 거울을 보고 정면과 측면의 자세를 보면서 연습을 해줘야 한 번 연습할 때 제대로 할 수 있습니다.

백스윙의 시작인 테이크백을 잘하는 방법이 있나요?

▶ 나에게 맞는 테이크백 방법

QR코드를 스캔하셔서 동영상 강의를 보신 후에
이 칼럼을 읽으시면 훨씬 이해가 잘됩니다!

테이크백이 별로면 스윙도 별로가 된다

백스윙*의 시작은 테이크백*입니다. 테이크어웨이이라고도 하는데요. 이 부분은 정말 중요합니다. 골프스윙의 첫 단추라 생각하시면 됩니다. 만약 이 첫 단추를 잘못 끼우면 연쇄적으로 스윙도 안 좋아지겠죠.

테이크백이 중요하다고는 들었는데 사람마다 말이 다르면 초보 골퍼는 너무

백스윙(Back swing)

클럽을 후방으로 들어 올리는 동작

테이크백(Take back)

백스윙을 하기 위해 클럽을 뒤로 빼는 동작

올바른 테이크백(정면)

손이 오른발까지 이동할 때 손목의 움직임을 최소화한다.

올바른 테이크백(측면)

테이크백 시 손이 돌아가지 않게 신경을 쓴다.

나도 혼란스럽습니다. 어떤 사람은 클럽과 몸을 함께 시작하라고 하고, 어떤 사람은 손이 먼저 시작해야 한다고 하고, 그래서 너무나 혼돈스러운 경우가 있습니다.

이 2가지 방식에는 장점과 단점이 있습니다. 또한 추가하는 스윙의 방식이 다릅니다. 만약 손으로 테이크백을 시작했다면 손은 계속해서 백스윙으로 올라갈 것이고, 이후 하체가 따라오는 경우가 되겠죠. 상체와 하체가 분리를 계속 하면서 백스윙을 올리다 보면 다운스윙 순간에는 그 분리가 더 명확하게 일어나면서 강한 스윙을 만들어낼 수 있습니다.

이해하기 쉽게 예를 들어보죠. 테니스 선수가 서브를 넣기 위해 공을 던지고 손을 먼저 위로 올리고, 그 다음에 몸이 움직이면서 공을 치는 순간에 하체가 지지하면서 강한 샷을 치는 모습이 나오죠. 골프스윙도 이런 모습과 비슷합니다. 결과적으로 상체와 하체의 분리가 명확해져야 강한 스윙을 만드는 데 유리합니다

다음으로 몸통과 손이 함께 시작되는 테이크백은 클럽이 내 몸 앞에 있게 만드는 원리입니다. 이렇게 하면 스윙 내내 클럽과 몸통의 일체감이 좋아집니다. 이 테이크백은 강한 스윙을 추구하기보다는 일관성 있는 스윙이나 좋은 방향성을 추구하는 것입니다.

즉 내 스윙이 무엇이 부족한지에 따라 테이크백 시 손을 먼저 시작할지, 몸통과 함께 시작할지를 결정하면 좋습니다. 참고로 투어프로 선수들은 TV에서 보면 테이크백 시 몸통과 함께 움직이는 경우를 더 많이 봅니다. 프로들은 비거리보단 방향성에 더 집중하기 때문입니다.

나에게 맞는 테이크백을 찾아야 한다

하지만 골프를 막 시작한 초보 골퍼에게는 이 2가지 테이크백의 차이를 이해하기는 어렵습니다. 또한 앞에서 말한 비거리성이나 방향성 모두 좋게 만들고자 하는 마음이 크기 때문에 무엇을 선택해야 할지 모르실 것입니다. 골프를 배우는 과정에서 유독 손과 클럽이 많이 움직인다면 몸통으로 시작하고, 리듬감이나 템포가 부족하다면 손으로 먼저 시작해보는 것이 좋겠습니다.

그럼 이 2가지 방식의 테이크백을 할 수 있는 연습법을 알려드리겠습니다. 손과 클럽이 너무 움직이는 골퍼여서 방향성이 좋지 않다면 일체감 있는 스윙을 추구해야 하겠죠. 그럼 먼저 연습을 해보는데요, 클럽의 그립부분을 배꼽에 대고 손과 몸이 일체가 되어 테이크백을 시작해보기 바랍니다. 반드시 그립 끝이 스윙 내내 배꼽을 보고 있다는 생각을 해야 합니다. 이후 정상적인 어드레스를 하고 최대한 비슷한 느낌이 나도록 연습을 해주면 좋습니다.

그리고 테이크백에서 손을 먼저 출발시키는 경우입니다. 상체와 하체의 분리를 더 강조하고 비거리를 위한 스윙을 하고 싶다면 간단하게 아래에 2개의 라인이 될 수 있는 것을 놓아주고 클럽의 헤드부분과 손이 기차길을 가듯이 테이크백을 합니다.

클럽을 가지고 하면 좋지만, 클럽이 없다면 우산 2개를 바닥에 놓고 해도 좋습니다.

이렇게 기차길처럼 똑같이 갈 때는 오른쪽 허벅지까지 해줍니다. 그때 하체를 고정해줍니다. 중요한 핵심은 클럽 헤드 부분이 돌려지지 않게 하는

그립 끝이 배꼽보기 연습(정면)

그립 끝을 배꼽에 붙여 테이크백을 하면 손과 상체가 함께 움직인다.

그립 끝이 배꼽보기 연습(측면)

그립 끝이 배꼽에 닿아야 한다.

것입니다.

심짱은 이 2가지 방법이 모두 정답이라고 생각합니다. 만약 잘 모르겠다면 2가지 방법을 모두 해보고 편한 것이 무엇인지 느껴본 후에 하나를 선택하면 좋겠습니다.

심짱의 꿀팁!

초보 시절 테이크백에서 제일 많이 일어나는 실수는, 어드레스의 위치에서 손을 앞쪽으로 밀면서 손을 돌리기에 결과적으로 클럽 페이스가 열리는 것입니다. 그러면 당연히 슬라이스가 잘 나옵니다. 느낌 상 클럽 페이스는 닫으면서 손을 몸에 밀착해보기 바랍니다. 그러면 나름 공도 잘 맞고, 스윙의 일체감을 느낄 수 있답니다.

백스윙 시 클럽이 안 돌아가려면 어떻게 연습해야 하나요?

▶ 백스윙 시 손을 돌리지 않는 두 가지 방법
QR코드를 스캔하셔서 동영상 강의를 보신 후에
이 칼럼을 읽으시면 훨씬 이해가 잘됩니다!

백스윙 시 클럽이 돌아가면 미스샷이 나온다

골프스윙에서 백스윙을 할 때 가장 많이 실수하는 것이 클럽이 돌아가는 것입니다. 테이크백부터 클럽이 몸 안쪽으로 돌면서 백스윙 과정에서 더 안쪽으로 돌려지는 것인데요, 이렇게 되면 다운스윙 때 올바른 궤도로 들어오지 못해 다양한 미스샷을 하게 됩니다.

사실 클럽이 돌아가는 동작은 쉽지 않습니다. 그래서 상급자나 프로들도 신경을 쓰지 않으면 클럽이 돌아가기 때문에 항상 많은 신경을 쓰고 있습니다.

백스윙이 돌아가는 잘못된 유형

손을 앞으로 밀면서 손목을 돌리는 잘못된 테이크백이다.

백스윙 시 클럽이 안 돌아가게 해야 한다

위에서 볼 때, 클럽과 손을 그대로 빼는 테이크백을 해야 한다.

앞에서 말했듯이 클럽이 있다면 클럽으로 하고, 없다면 우산으로 합니다. 어드레스를 하고 우산의 중간쯤을 잡고 우산대를 내 몸의 왼쪽 옆구리에 붙여줍니다. 그럼 약간 y자 모양이 됩니다.

이 상태에서 어깨를 돌리며 백스윙을 시작합니다. 이때 우산이 몸에서 떨어지지 않게 합니다. 손이 허리 높이를 지날 때 손을 꺾어 위로 들어줄 때도 우산대는 몸에서 떨어지지 않고 스쳐지며 들어주세요. 그런 다음 우산대가 완전히 몸에서 떨어지면서 백스윙을 완성합니다. 이 과정을 하게 되면 손이 돌아가지 않고 내 몸 앞에 있는 모양이 나옵니다.

처음에는 어색할 수 있지만 자주 해보기 바랍니다. 나중에는 정상적인 어드레스 후 몸에 붙이는 상상을 하면서 백스윙을 해보시면 클럽이 돌지 않는 것을 알 수 있습니다.

백스윙 시 손의 밀림이 있으면 안 된다

이렇게 연습을 해도 막상 공이 내 눈 앞에 있으면 또 이전의 문제가 나올 수 있습니다. 이 방법은 현실적으로 공을 치면서 할 수 있는 방법입니다.

테이크백을 할 때 어드레스 시 헤드는 그 자리에 있고 손만 출발시킵니다. 이렇게 하면 백스윙 과정에서 손이 돌지 않고 반대로 헤드가 밖으로 나가는 경우를 볼 수 있습니다.

다만 연습이기 때문에 실제로 공이 잘 맞지는 않을 것입니다. 그러니 공을 맞추는 데 집중하기보다는 백스윙의 궤도를 생각하는 것이 중요합니다.

헤드의 위치만 중요한 것이 아니라 손의 위치 역시 중요합니다. 헤드가

올바른 백스윙(정면)

어깨는 90도 이상 회전하며, 머리는 양발을 벗어나지 않는다.

올바른 백스윙(측면)

클럽의 그립 끝이 공과 발 사이의 방향을 본다.

돌아가지 않게 하려고 헤드를 몸 밖으로 밀다 보면 손도 함께 밀어버리는 경우가 많습니다. 이렇게 되면 몸과의 일체감이 없어져 또 다른 미스샷과 좋지 않은 결과가 나옵니다.

손의 밀림을 없게 하면서 헤드만 아웃궤도로 가는 것이 중요합니다. 이것은 의외로 복잡한 말 같지만 기차길을 상상하면서 테이크백을 하면 되는 간단한 원리이기도 합니다. 이 간단한 원리를 계속 반복해 내것으로 만드는 것이 중요하겠죠.

심짱의 꿀팁!

내 골프스윙을 명확히 보기 위해서는 거울 앞이나 스마트폰을 이용해 연습하면 좋습니다. 측면으로 서서 테이크백을 할 때 2가지만 보면 됩니다. 손의 위치와 클럽 헤드의 위치만 유심히 보고 앞에서 말한 내용을 따라 하시면 좋은데요, 특히 손의 위치가 테이크백 시 많이 움직이지 않게 하시면 좋습니다.

백스윙 시 어깨를 잘 돌리는 방법이 있나요?

▶ 백스윙 시 어깨 많이 돌리는 방법
QR코드를 스캔하셔서 동영상 강의를 보신 후에
이 칼럼을 읽으시면 훨씬 이해가 잘됩니다!

어드레스 체크부터 제대로 하자

백스윙 시 어깨가 잘 돌아가면 스윙의 궤도나 비거리에 큰 영향을 줍니다. 만약 어깨가 안 돌아가면서 백스윙해 공을 치면 "팔로 친다"는 말을 많이 듣게 됩니다.

그래서 어깨를 돌려보려고 하지만, 어깨를 돌리면 공이 잘 보이지 않거나 혹은 너무 돌려서 리듬이 깨져 공이 잘 맞지 않기도 합니다. 하지만 어깨가 안 돌아가는 것보다는 돌아가는 것이 더 좋습니다.

여기서는 어깨를 잘 돌릴 수 있는 방법에 대해 알려드리겠습니다. 먼저 어드레스 체크입니다. 어드레스 시 의외로 많은 분들이 어깨가 타깃 방향으

어깨가 안 돌아간 백스윙

초보 골퍼 때는 어깨의 움직임보다 손을 쓰는 경우가 많다.

백스윙 시작 때부터 어깨를 돌려야 한다

어깨는 조금 과도하게 돌린다는 생각으로 백스윙을 해야 한다. 단, 손은 몸 앞에 있게 한다.

로 열려 있는 경우가 많습니다. 특히 드라이버를 칠 때는 더욱더 어깨가 열려 있습니다. 아무래도 타깃 방향을 보려고 몸이 열리기도 하는데요, 우선적으로 일자 정렬을 해야 합니다. 이렇게 하기만 해도 백스윙 시 어깨는 돌려놓은 만큼 더 돌아갈 것입니다.

두 번째 방식은 하체의 골반을 이용하는 것입니다. 상체의 어깨만 신경쓰다 보면 어깨의 회전이 제한적이게 됩니다. 하체에서 함께 돌려주면 자연스럽게 어깨는 더 돌아가게 됩니다. 그렇다고 하체를 잡아주지 않고 돌리면 다운스윙 시 강한 힘을 내지 못합니다. 그래서 하체를 잡아주면서 골반을 함께 돌려주면 어깨도 많이 돌아가게 됩니다.

이때 중요한 것이 머리입니다. 백스윙 시 공을 쳐다보기 위해 머리를 고정하는 경우가 많습니다. 하지만 머리를 움직이지 않고 어깨를 완전히 돌릴 수는 없습니다. 백스윙 시 머리도 함께 돌려주는 것이 좋기 때문에 턱을 살짝 오른쪽으로 돌려주면 백스윙을 더 많이 할 수 있답니다.

어깨보다는 등판을 돌리는 느낌이 좋다

우리는 "어깨를 돌려라"고 하면 어깨만 생각하는 경우가 많은데요, 앞에서 설명한 것을 보면 골반도 돌려야 하고 머리도 함께 돌려야 하는 경우가 있습니다. 즉 몸이 돌아가는 느낌을 받으면 좋습니다. 백스윙 시 '어깨를 돌린다'라는 말보다 등판을 돌리는 느낌이면 더 좋겠습니다. 다른 말로는 오른쪽 어깨를 최대한 뒤로 빼는 느낌이어도 결과적으로 어깨의 회전은 많아집니다.

점프를 한다고 생각하면 위로 점프한 후 제일 높은 곳을 한번 찍고 내려오는 것과 같은 것입니다. 이때 조심해야 할 부분이 백스윙 정점에서 멈추려 하면 안 되고 바로 다운스윙이 되어야 한다는 것입니다.

어깨 돌리기, 막상 해보면 참 쉽지 않습니다. 처음에는 잘 되지 않더라도 모양과 느낌을 함께 생각하면서 열심히 연습해보기 바랍니다.

심짱의 꿀팁!

어깨를 돌릴 때 제일 중요한 핵심은 손의 위치가 몸 앞이어야 한다는 것입니다. 그래서 축구공 정도 크기의 공을 몸 앞에 두고 어깨를 돌리는데요, 그동안 손이 내 몸 앞에 있게 하는 것이 중요합니다. 만약 공이 없다면 각티슈나 롤화장지를 들어도 좋습니다. 그리고 한 번씩 던져보는 것도 해보세요. 그럼 몸통으로 스윙하는 느낌이 나올 겁니다.

오버스윙이 안 나오도록 연습하는 방법이 있나요?

▶ 오버스윙을 방지하기 위해
QR코드를 스캔하셔서 동영상 강의를 보신 후에
이 칼럼을 읽으시면 훨씬 이해가 잘됩니다!

쉽게 교정되지 않는 오버스윙

골프스윙 시 오버스윙이라고 있습니다. 백스윙 탑, 즉 탑오브스윙 시 클럽이 오버로 넘어가는 것인데요, 보통 멀리치기 위해 클럽을 최대한으로 들다보면 나오는 오류라고 할 수 있습니다.

전 솔직히 이것이 아주 잘못됐다고 생각하진 않습니다. 보통 골퍼들에게 많이 일어나는 일이고, 이 동작을 했다고 해서 공을 특별히 못 맞추는 게 아닙니다. 단, 그것에 걸맞은 보상동작들을 해줘야 합니다.

예를 들어 클럽이 넘어갔으니 그만큼 다운스윙 시 끌고 내려와야 합니다. 그렇게 할 수 있다면 괜찮습니다. 만약 오버스윙을 했는데 다운스윙 시

오버스윙(정면)

손목과 팔꿈치가 굽혀져 클럽이 넘어가는 형태다.

오버스윙(측면)

오른쪽 팔꿈치가 몸에서 멀어져 클럽이 넘어가는 형태다.

빠르게 끌고 내리지 못한다면 미스샷이 나올 확률이 있습니다. 오버스윙을 하시는 분들은 빠르게 다운스윙을 해주면 된다고 생각합니다.

그럼 '그냥 고치면 되지 않냐'고 생각하지만 오버스윙은 쉽게 교정되는 동작이 아닙니다. 골퍼는 누구나 강하게 치고 싶은 마음이 있기 때문이죠. 그러다보니 계속 동작이 커지게 되죠. 그 커진 동작이 오버스윙인데요, 정확한 백스윙을 기반으로 한 오버스윙은 그나마 괜찮지만, 올바르지 않은 백스윙으로 오버스윙을 한다면 문제의 소지는 많습니다.

오버스윙은 쉽게 교정되지 않습니다. 많은 교습가들도 오버스윙의 교정은 백스윙의 반만 들고 치라는 것 이외에 특별히 없습니다. 당연히 반만 들면 오버스윙은 교정되지만 거리가 줄어들죠. 그럼 골퍼들은 또다시 오버스윙을 하게 됩니다.

오버스윙을 방지하는 방법들

그래도 우리는 노력은 해야 합니다. 테이크백 때 어깨를 최대한 많이 돌려서 백스윙 과정에서 돌린 어깨가 없게 하면 좋습니다. 그럼 백스윙이 가다가 멈추는 원리가 나옵니다. 즉 오버스윙을 백스윙에서 멈추는 원리를 만들어주는 것입니다.

오버스윙을 방지하는 또 다른 방법은 반만 들고 강하게 치는 연습을 하는 것입니다. 하프스윙*을 하는 것인데요, 결과적으로 비거리가 나오게 되면 자연스럽

하프스윙(Half swing)
풀스윙을 절반 정도의 힘을 줄여서 하는 스윙

게 오버스윙을 할 필요가 없게 되죠.

오버스윙을 방지하는 최고의 방법은 골프를 배우는 처음부터 오버스윙을 절대 하지 않는 것입니다. 백스윙 시 손의 위치가 어깨를 넘어가지 않게 골프스윙을 해야 합니다.

심짱의 꿀팁!

오버스윙은 교정이 어려운 동작 중 하나입니다. 한 번 스윙으로 교정되는 것은 아닙니다. 오버스윙은 비거리를 많이 내기 위해 점점 백스윙이 올라가는 동작 중 하나이기 때문입니다. 그래서 오늘 하루 오버스윙을 교정해도 다음날 비거리를 내기 위해 다시 커지는 스윙이 나올 수 있습니다. '항상 비거리를 많이 내겠다'는 생각을 버리고 기술적인 부분을 연습하면 교정하는 데 좀더 도움이 됩니다.

다운스윙 시 클럽을 정상 궤도로 내리려면 어떻게 하나요?

▶ 올바른 다운스윙을 만들기 위해
QR코드를 스캔하셔서 동영상 강의를 보신 후에
이 칼럼을 읽으시면 훨씬 이해가 잘됩니다!

인투인 궤도를 추천하는 이유

우리는 골프스윙을 하면서 '궤도'라는 단어를 많이 씁니다. 특히 다운스윙 시 주의해야 합니다. 다운스윙 궤도가 상당히 중요하기 때문이죠. 다운스윙 궤도가 어떻게 내려오는지에 따라 공의 구질이 결정됩니다.

궤도에는 인투인 궤도, 아웃-인 궤도, 인-아웃 궤도가 있습니다. 우리는 인투인 궤도를 원하죠. 인투인 궤도가 일반적으로 안정적인 공의 구질을 만들어내기 때문입니다. 보통 초보 때는 아웃-인 궤도가 많이 나오게 되는데요, 이 궤도는 슬라이스라는 구질이 잘 나오며, 왼쪽으로 가는 공도 잘 나옵니다.

인-아웃 궤도는 상급자와 프로들에게서 나오는 궤도입니다. 오른쪽으로 밀려 날아가거나 왼쪽으로 확 휘어지는 훅성 볼이 나옵니다.

하지만 인-아웃 궤도는 일반 골퍼들이 원하는 궤도이기도 합니다. 왜냐하면 일반 골퍼들은 보통 아웃-인 궤도가 나오기 때문이죠. 물론 인-아웃 궤도가 너무 심해지면 안 되겠습니다. 결과적으로 제일 좋은 궤도는 인투인 궤도입니다.

심짱이 인투인 궤도를 추천하는 이유는 똑바로 가는 샷을 칠 수 있는 궤도이면서 특정한 샷의 구사가 쉬워지기 때문입니다. 예를 들어 아웃-인 궤도의 골퍼는 인-아웃 궤도가 필요한 샷을 잘 못합니다. 그 반대의 경우도 그렇습니다. 즉 골퍼가 다양한 구질의 샷을 구사하려면 인투인 궤도가 좋습니다. 인투인 궤도는 골프를 처음 배우는 골린이 시절부터 각별히 신경 써서 배워야 합니다.

인투인 궤도를 만드는 방법

혼자서 연습할 때는 인투인 궤도를 어떻게 만들어야 할지 모를 수 있습니다. 제일 좋은 방법은 측면에서 스마트폰으로 촬영한 후에 궤도를 확인하는 것입니다.

궤도를 확인하는 방법은 간단합니다. 어드레스 후 클럽 헤드와 어깨라인을 그어주고, 또 하나의 라인은 클럽 헤드부터 샤프트라인을 그대로 그려줍니다. 이렇게 그어진 2개의 라인을 기준으로 양쪽 라인 안으로 들어오면 정상 궤도라 보면 되고, 라인보다 위쪽으로 내려오면 아웃 궤도입니다. 그리고

인투인 궤도

그립 끝이 공을 보면서 다운스윙을 하면 정상궤도가 잘 나온다.

과도한 아웃인 궤도

그립 끝이 몸쪽을 향하면 과도한 아웃-인 궤도가 나온다.

과도한 인아웃 궤도

그립 끝이 공보다 위쪽을 향하면 과도한 인사이드 궤도가 나온다.

라인보다 아래쪽으로 내려오면 인 궤도입니다.

여러분들이 스마트폰을 세워놓고 본인의 골프스윙을 촬영한 후 내가 평균적으로 위쪽으로 더 가는지, 아래쪽으로 더 가는지를 확인한 다음 그것에 걸맞게 다운스윙 궤도를 중앙 쪽으로 내려오게 하면 좋습니다. 그 영상을 보고 '다운스윙을 할 때 어떻게 하겠다'는 생각을 하면서 교정을 하면 좋겠습니다.

궤도는 골프를 하는 동안 계속 교정해야 하는 부분입니다. 좋은 궤도는 한 번 만에 완성되는 것이 아니므로 지금 당장 교정이 되지 않는다고 고민할 필요가 없습니다. 이 부분만큼은 평생 신경 써야 할 부분이라는 점을 잊지 말고 천천히 좋은 궤도로 만들어나가길 바랍니다.

스윙 궤도를 심플하게 만드는 방법 중 하나는, 정면을 보고 똑바로 서서 클럽을 몸 앞의 가슴 높이에 두고 수평으로 휘둘러보는 것입니다. 그럼 당연히 궤도가 인투인 궤도가 됩니다. 그런 다음 인사를 하듯이 숙인 후 그 느낌으로 휘둘러주면 결과적으로 인투인 스윙이 됩니다.

심짱의 꿀팁!

초보 시절에는 대부분 아웃-인 궤도가 나오고 그래서 슬라이스가 납니다. 처음에는 과하게 인-아웃 궤도를 시도하시면 좋아집니다. 하지만 하고 싶다고 쉽게 되지는 않죠. 보통 큰 백스윙은 아웃-인 궤도가 잘 만들어지니 하프스윙 느낌으로 하시면 인-아웃 궤도가 조금 더 수월하게 만들어집니다. 하프스윙에서 강하게 치는 연습을 많이 하시기 바랍니다.

강한 임팩트 포지션을 만들려면 어떻게 연습해야 하나요?

▶ 강한 임팩트를 만들기 위해
QR코드를 스캔하셔서 동영상 강의를 보신 후에
이 칼럼을 읽으시면 훨씬 이해가 잘됩니다!

제일 빠르게 지나가는 임팩트 동작

많은 골퍼들은 비거리를 지금보다 더 늘리고 싶어합니다. 그중 중요한 역할을 하는 동작이 바로 임팩트입니다. 사실 임팩트 동작은 멈추어진 동작이 아니라 제일 빠르게 지나가는 동작입니다. 이 자세에서 어떤 동작을 하는지에 따라 공의 구질과 비거리가 결정됩니다.

워낙 빠르게 지나가는 동작이라 연습을 해도 무의미해 보이지만, 임팩트 포지션을 꾸준히 연습하다 보면 그 자세가 나오게 되고 느낌을 찾을 수 있게 됩니다.

집에서 연습하는 방법

집에서 임팩트 동작을 연습하는 방법을 알려드리겠습니다. 먼저 쿠션을 준비합니다. 그리고 우산 하나를 준비합니다.

쿠션을 벽에 붙여 내려놓고, 클럽이나 우산을 들고 어드레스를 합니다. 그리고 그 쿠션을 힘 있게 밀어봅니다. 그럼 손이 앞으로 나가게 됩니다. 머리는 손보다 뒤에 있게 되죠. 그리고 힙은 타깃 방향으로 나가려 하고, 발은 지탱을 하면서 함께 밀어주고 있을 겁니다.

이제 조금 더 올바른 자세를 만들어보면 좋겠습니다. 핵심은 머리를 움직이지 않는 것입니다. 어드레스를 하고 쿠션을 타깃 방향으로 밀 때 머리를 최대한 움직이지 말고 타깃 방향으로 힘 있게 밀어봅니다. 특히 하체와 손을 강하게 밀어줍니다.

여기서 드라이버 스윙과 아이언 스윙의 차이를 만들고 싶다면, 드라이버 스윙을 할 때 머리가 좀더 뒤쪽에 위치하고 바닥에 있는 쿠션을 약간 위로 올려주는 느낌으로 힘 있게 밀어줍니다. 특히 손을 너무 누르는 동작보다는 올려주는 동작이 더 어울립니다.

반면에 아이언 스윙은 쿠션을 아래로 누르는 듯한 모션을 합니다. 찍어친다고 하는데요, 즉 손을 아래로 힘 있게 누르면서 쿠션을 밀어줍니다. 아이언 스윙은 디봇이 생겨야 하는 눌러치는 동작이 도움이 되죠. 만약 필드에서 임팩트 시 디봇이 생기지 않는다면 이런 연습을 해보면 좋습니다.

이렇게 쿠션을 놓고 임팩트 모션을 배워보았으면, 이제는 스윙으로 연결해야 하겠습니다.

사실 빈스윙으로는 임팩트를 느끼기 어렵습니다. 그래서 어떠한 물체를

가방을 힘있게 밀듯이 임팩트해야 한다

가방을 밀어주는 느낌이면 손이 앞으로 나가면서 임팩트된다.

임팩트 연습 시 드라이브와 아이언의 차이

공의 위치에 따라 드라이버와 아이언의 임팩트 포지션은 자연스럽게 만들어진다.

올바른 아이언 임팩트

체중이 왼발에 잘 실려 있는 올바른 임팩트다.

아이언 임팩트의 흔한 실수

체중이 오른발에 있는 잘못된 임팩트다.

치면서 하면 좋습니다. 하지만 현실적으로 연습장이나 집에서 쿠션 같은 물체를 칠 수는 없습니다. 집이나 사무실에서는 스윙을 하기보단 구분적인 동작만 연습을 하는 것이 좋습니다.

지금은 쿠션을 놓고 느낌을 받았지만, 나중에는 쿠션 없이 클럽만 가지고 임팩트 동작을 연습하면 좋겠습니다. 그리고 연습장에서 가서도 임팩트 동작을 상상하면서 모션을 연습하고 스윙을 해보시면 더 좋은 임팩트 동작이 나올 것입니다.

심짱의 꿀팁!

임팩트 포지션은 유연성과도 관련이 있습니다. 상체는 숙여져 있고, 힙은 타깃 방향으로 돌리는 상태라 이 동작이 그냥 안 되는 경우도 있습니다. 그래서 허리 유연성 체조를 많이 하고, 또한 골반 유연성도 항상 연습해주셔야 합니다. 그래야 앞에서 말한 동작들이 더 잘 만들어질 수 있습니다.

팔로우스루 시 왼팔을 펴려면 어떻게 연습해야 하나요?

▶ 팔로우스루를 잘하기 위해
QR코드를 스캔하셔서 동영상 강의를 보신 후에
이 칼럼을 읽으시면 훨씬 이해가 잘됩니다!

왼팔을 편다는 것의 의미

초보 골퍼 시절에는 많은 동작들이 잘 안 되지만, 알면서도 잘 고쳐지지 않는 동작들이 많습니다. 그중에서도 대표적인 것이 팔로우스루에서 왼팔이 굽혀지는 동작입니다.

팔로우스루*에서 왼팔이 굽혀지게 되면 클럽이 안쪽으로 당겨지면서 오른쪽으로 날아가는 슬라이스 구질과 함께 왼쪽으로 가는 훅 구질도 나오게 됩니다. 그래서 많은 골퍼들이 투어프로선수처럼

팔로우스루 (Follow-through)
공을 친 후 공의 진행 방향으로 손을 내밀어 탄력을 최대화하는, 스윙의 연속 동작 중 마무리 단계

올바른 팔로우스루

왼팔이 펴지면서 양손의 교차가 자연스럽게 이루어져 있다.

팔로우스루의 흔한 실수

왼팔이 굽혀지면서 양손이 로테이션을 못하고 있는 경우다.

팔로우스루 시 멋지게 왼팔을 펴길 원하죠.

팔로우스루에서 왼팔이 펴지는 방법은 대표적으로 2가지가 있습니다. 첫 번째는 힘을 다 빼서 자연스럽게 펴지게 하는 방법이고, 두 번째는 힘을 줘서 강제로 펴는 것입니다.

당연히 첫 번째 방법이 좋습니다. 첫 번째 방법대로 쉽게 된다면 레슨이 필요 없겠죠. 그래서 여기에서는 두 번째 방법인 힘주어 펴는 것에 대해 이야기하려고 합니다.

먼저 왼팔을 편다는 것이 어떤 것인지 알아야 합니다. 왼손으로만 클럽이나 우산을 잡은 후 백스윙을 하고 팔로우스루까지 휘둘려보시기 바랍니다. 그럼 당연히 펴집니다.

하지만 조금 더 올바른 모습을 만들어보면 좋겠습니다. 백스윙을 할 때는 어깨를 돌리고, 임팩트 때에는 몸을 잡아주면서 클럽을 휘둘러줍니다. 그리고 팔로우스루 시에는 팔이 먼저 나가면서 왼쪽 팔꿈치를 굽혀줍니다. 이 동작을 여러 번 자연스럽게 해봅니다. 그리고 동작의 순서와 자연스러움을 이해해보기 바랍니다.

이제 양손을 가지고 와서 왼손으로만 한 동작을 해봅니다. 그럼 예전보다는 좋아진 모습이 나올 겁니다. 하지만 곧 다시 굽혀지는 모습을 볼 수 있죠. 즉 오른손의 역할이 상당히 중요하다는 것을 알 수 있습니다. 오른손의 개입이 많아지면 많아질수록 미스샷이 많이 나오게 됩니다. 즉 오른손을 최대한 부드럽게 잡아주면서 왼손이 리드되도록 해야 합니다.

이외의 다른 방법으로는, 스윙을 하면서 몸이 회전할 때 양손이 무조건 몸 앞에 있게 하시길 바랍니다. 만약 손이 몸 앞이 아닌 옆으로 이동하면 당연히 팔이 굽혀집니다. 즉 스윙 시 손을 몸 앞에 두게 되면 당연히 팔이 펴집니다. 이 동작을 이해하기 위해서는 클럽이나 우산의 중앙을 잡은 후 백스윙을 하고 팔로우스루를 해보기 바랍니다. 그럼 당연하게 팔이 펴져 있을 것입니다. 이후 클럽의 끝을 잡고 손의 위치를 몸 앞이라고 생각하면서 스윙을 해보기 바랍니다.

이렇게 집에서 연습한 내용을 연습장에서 실천해봅니다. 공을 칠 때는 빈스윙을 해본 다음 오른손을 부드럽게 잡고 천천히 스윙을 하면서 왼팔이 펴지도록 해봅니다.

만약 위의 연습대로 했는데도 왼팔이 굽혀진다면, 이제는 강제로 펴는 연습을 해야 합니다. 앞에서 말했듯이 힘을 빼면 다 해결되지만 그것이 쉽지 않습니다. 그래서 강제로 펴는 연습을 통해 펴는 동작을 강제로 근육에 주입시켜야 합니다. 이후 그 동작에서 힘을 천천히 빼는 것을 시도하시길 바랍니다.

심짱의 꿀팁!

팔로우스루 시 팔을 펴는 동작은 초보 골퍼 시절에 제일 어려운 동작 중 하나입니다. 그래서 모양을 먼저 만들어줘야 하는데요, 골프스윙을 교정하는 것 방법 중 제일 좋은 것 하나는 슬로우모션처럼 천천히 하는 것입니다. 천천히 팔을 펴보는 것이고, 그러면서 천천히 속도를 올려주는 것입니다. 다시 굽혀진다면 펴지는 스윙속도에서 지속적으로 연습을 해주면서 천천히 속도를 올려보세요.

피니쉬 때 체중이 왼발로 가려면 어떻게 해야 하나요?

▶ 올바른 피니쉬 자세
QR코드를 스캔하셔서 동영상 강의를 보신 후에
이 칼럼을 읽으시면 훨씬 이해가 잘됩니다!

왜 초보는 피니쉬가 안 되는 걸까?

골프스윙의 마지막 단계인 피니쉬에서는 왼발에 체중이 거의 다 가 있으면서 공이 날아가는 모습을 바라봐야 합니다. 사실 이 동작은 다 알고 있고, 너무나 당연한 말이기도 합니다. 하지만 초보 골퍼는 정확하게 이 동작이 되지 않습니다. 왼발에 체중을 모두 실은 채 멋지게 가만히 있는 동작이 말처럼 쉽지 않습니다.

이것은 올바른 골프스윙을 하면 자연스럽게 나오는 동작입니다. 그래서 피니쉬 때 체중이 왼발에 거의 다 실려 있지 않다면 스윙중 무언가 제대로 된 동작을 하지 않았다는 것입니다. 이것을 흔하게 "체중이동이 잘 안 된

올바른 피니쉬

피니쉬 때 체중이 왼발로 충분히 이동되어야 한다.

피니쉬의 흔한 실수

피니쉬 때 체중이 오른발에 남는 경우다.

다"고 말합니다.

체중이동이 스윙중에 오른발로 갔다가 왼발로 넘어오는 것인데요, 이것을 잘하면 비거리가 좋아집니다. 만약 체중이동을 잘 못해 피니쉬 때 무게중심이 왼발에 가 있지 않는 골퍼들은 비거리와 방향성 모두 안 좋습니다.

그럼 '체중이동을 잘하면 피니쉬가 잘 되는구나'라고 흔히 생각합니다. 하지만 체중이동이 안 되는 사람은 아무리 해도 잘 안 됩니다. 그래서 피니쉬 때 왼발로 서 있는 것을 중요시하면 체중이동이 잘 됩니다. 결과적으로 비거리나 방향성 모두 좋아집니다. 또한 리듬 역시 좋아지는 경우도 생깁니다.

체중이 왼발에 있게 피니쉬를 만들어보자

어느 날 심짱이 90타 정도 치는 지인과 필드를 나가 공을 쳤는데요, 스윙도 그리 나쁘지 않은데 공이 잘 맞지 않았습니다. 자세히 보니 공을 치는 데만 집착해 스윙을 한다기보다 공만 맞추려는 조급함이 보였습니다. 그래서 공 앞에 서면 피니쉬까지 하는 멋진 모습을 생각하고, 공을 칠 때도 피니쉬 때 체중이 왼발에 오게 하라고 알려줬습니다. 아주 간단한 말이었는데, 신기하게도 그때부터 잘 맞기 시작했답니다.

또 다른 지인은 연습스윙을 할 땐 피니쉬까지 잘하는데 공을 직접 칠 때는 공을 맞춰야겠다는 생각만한 채 체중을 오른쪽에 남기다 보니 피니쉬를 하지 않았습니다. 이에 뒷땅*도 나고, 비거리도 안 나오더군요. 이 지인처럼 의외로 필드에서는 골퍼들의 체중이 왼쪽으로 잘 가지 않는 경우가 많습니다. 그래서 심짱이 아주 강하게 왼발로 이동해보라고 알려줬습니다. 처음 몇 번은 어색해서 잘 안 됐지만 금방 좋은 결과가 나오더군요.

> **뒷땅**
> 헤드가 공에 먼저 맞지 못하고 공 뒤의 땅부터 치는 것

이 방법이 모든 골퍼에게 맞는 방법은 아니지만, 최소한 피니쉬에서 왼발에 체중이 많이 실려 있지 않은 골퍼에게는 상당히 좋은 결과가 나올 것입니다. 여러분들도 골프를 처음 시작할 때는 피니쉬를 결코 소홀하게 생각하지 마시고, 체중이 왼발에 있게 피니쉬를 만들어보시기 바랍니다.

심짱의 꿀팁!

어드레스를 하고 공을 놓고 고개를 들어 공을 보지 말고 그냥 스윙을 해보기 바랍니다. 당연히 공을 맞추고 안 맞추고는 중요하지 않습니다. '내가 체중이동을 하냐, 안 하냐'가 중요합니다. 머릿속에 오직 스윙만 생각해보시고 스윙을 해보기 바랍니다. 만약 공을 맞추기 시작하면 내 스윙과 체중이동을 어떻게 하고 있는지 생각해봅니다.

어프로치 자세는 어떻게 하고, 탄도 조절은 어떻게 하나요?

▶ 어프로치의 기초자세
QR코드를 스캔하셔서 동영상 강의를 보신 후에
이 칼럼을 읽으시면 훨씬 이해가 잘됩니다!

소홀히 대하면 안 되는 어프로치 연습

어프로치는 웨지클럽을 이용해 그린 주변에서 홀컵에 붙이기 위한 작은 골프스윙입니다. 그런데 많은 골퍼들은 어프로치 연습을 잘 하지 않습니다. 그런 데는 나름의 이유는 있습니다. 골프스윙도 완성이 안 됐는데 다른 거 할 시간이 없죠. 스윙이 잘 되면 어프로치를 안 해도 되므로 스윙연습을 더 합니다.

하지만 어프로치 샷은 필드를 나가면 항상 하는 샷입니다. 퍼팅 다음으로 많이 합니다. 하지만 어프로치에서 실수를 해 어려움을 겪는 경우가 무척 많습니다. 흔하게 온탕냉탕이라고 하는데, 몇 번을 쳐도 그린에 못 올리는 경우죠. 그래서 어프로치를 많이 연습하면 할수록 스코어는 좋아집니다.

하지만 연습장에서는 드라이버와 아이언 스윙을 연습하기에 바쁩니다. 그래서 연습장에서는 연습을 시작할 때 몸을 푸는 시간으로 어프로치를 먼저 하면 좋습니다. 그리고 점점 스윙을 크게 해서 나중에는 아이언클럽으로 넘어가면 좋습니다.

집이나 사무실에서는 연습용 고무공으로 어프로치 자세를 익히면 좋습니다. 진짜 공은 아무래도 위험하니 집이나 사무실이 아닌 연습장에서 하시길 권합니다.

한 클럽으로 다양한 거리를 보내야 한다

어프로치는 한 클럽으로 다양한 거리를 보내야 합니다. 만약 56도 웨지 클럽으로 풀스윙*으로 치면 70m가 간다면 그 이하의 거리를 한 클럽으로 치게 됩니다. 무척 감각적이고 연습이 필요한 샷입니다. 그래서 거리별로 발의 간격도 다르게 하고, 스윙 크기도 다르게 해야 합니다.

하지만 여기에서는 그린 주변의 30m 이내의 경우만을 생각한 어프로치 스윙을 배우도록 하겠습니다.

30m 이내 어프로치는 퍼팅의 원리와 흡사합니다. 체중이동이 그리 많지 않고, 상체의 팔의 크기로 거리를 조절합니다. 퍼팅과 같은 원리처럼요. 그래서 어프로치샷을 할 때는 퍼팅의 기본원리를 머릿

풀스윙(Full swing)

스윙의 7단계인 어드레스, 백스윙, 톱스윙, 다운스윙, 임팩트, 팔로우스루, 피니쉬가 모두 이루어진 스윙의 동작

어프로치의 올바른 어드레스 자세

어프로치는 체중이 왼발 쪽에 60% 이상 실려 있어야 한다.

어프로치의 올바른 팔로우스루 자세

공을 친 후에도 손이 돌아가지 않는다.

속에 넣고 시작합니다.

발의 간격은 주먹 3개 정도 들어가는 보폭을 잡습니다. 그리고 왼발을 벌려줍니다. 그리고 어깨를 타깃 방향으로 살짝 내려줍니다. 이것이 어프로치를 위한 몸의 기본자세입니다.

이제 볼은 발 사이 중앙에 놓고 퍼팅을 하듯이 스윙 크기를 일정하게 해 샷을 합니다. 먼저 편한 크기로 샷을 해봅니다. 여기서 중요한 핵심은 크기를 계속 똑같이 해주는 것입니다.

이때 공을 친다면 일정하게 얼마나 날아가는지 봅니다. 당연히 잘 맞고 안 맞고의 차이로 거리 차이가 나지만, 정타로 잘 맞았을 경우만을 기준으로 거리를 계산합니다.

중요한 것은 '굴러가는 거리'가 아닌 '떨어지는 거리'입니다. 만약 내가 편하게 스윙하니 평균 10m가 날아간다면 그것을 기준으로 '더 길게, 더 짧게'를 연습하면 되겠습니다. 더 짧게는 스윙 크기를 작게 하는 것이고, 더 긴 거리는 스윙 크기를 더 크게 하는 것입니다.

이때 스윙이 커질 때는 피니쉬 동작에서 몸이 오픈되는 동작이 나와줘야 합니다. 그 이유는 볼을 잘 컨택하는 것도 있겠지만 클럽 헤드가 닫히는 것을 방지해주기 때문입니다. 어프로치에서는 클럽 페이스가 닫히면 거리 조절이 잘 안 되는 경우가 많습니다.

퍼팅스트로크를 해보시고, 그 다음 웨지클럽으로 다시 해보면서 비슷한 느낌을 갖도록 연습하면 좋습니다. 퍼터는 공을 친 후 클럽 페이스가 타깃 방향으로 똑바로 나가죠. 웨지샷도 똑같이 해줘야 합니다. 단, 어프로치는 어드레스 시 어깨를 타깃으로 내려주었기에 체중이 왼쪽에 있는 어드레스라는 점을 기억하면 좋겠습니다.

어프로치 크기별 스윙, 이렇게 연습하자

골프클럽 중에 거리별 스윙을 해야 하는 것이 웨지클럽입니다. 그린 주변에서 하는 어프로치 샷이라고 하는데요, 이 웨지클럽 하나로 거리에 따라 스윙의 크기에 제각기 변화를 줘야 합니다.

골프를 해보면 어프로치가 얼마나 중요한지 알 수 있는데요. 연습을 많이 해야 스코어가 좋아집니다.

거리별 스윙은 손의 위치로 달라지는데요, 생각해야 하는 것은 다음의 3가지입니다. 첫째, 웨지 어드레스는 체중을 왼발에서 계속 유지해야 합니다. 둘째, 그립의 힘도 너무 빼지 말고 일정한 힘으로 스윙 내내 유지해야 합니다. 셋째, 스윙의 크기가 백스윙과 팔로우스윙이 대칭되게 해야 합니다.

크기별 스윙이 생각보다 쉽지 않으므로 '똑딱이'라는 작은 스윙부터 시작해서 하프스윙 크기, 그리고 풀스윙 크기로 나누어 먼저 연습해주고, 그 큰 단계에서 다시 세분화하면 좋습니다. 보통 프로들은 연습장에 가면 웨지클럽으로 크기별 스윙을 하면서 몸을 푸는데요, 여러분들도 그렇게 해서 웨지를 매일 연습해주세요.

심짱의 꿀팁!

어프로치를 연습할 때는 소리를 꼭 들어보세요. 연습장에서는 매트 위에 공이 있습니다. 그럼 공을 치면 공이 먼저 맞는지, 매트가 먼저 맞는지 소리가 구분됩니다. 즉 공을 치면 소리는 한 번만 나야 합니다. 어프로치는 스윙 크기로 거리를 조절하지만, 그 전에 일단 공을 잘 맞추는 것부터 더 신경을 써야 합니다.

퍼팅을 잘하려면 집에서 어떻게 연습해야 하나요?

▶ 퍼팅의 기초자세
QR코드를 스캔하셔서 동영상 강의를 보신 후에
이 칼럼을 읽으시면 훨씬 이해가 잘됩니다!

퍼팅의 기본자세부터 제대로 알자

골프에서 제일 많이 사용하는 클럽은 퍼터입니다. 18홀 중 2번만 사용해도 무려 36번입니다. 하지만 보통 골퍼는 한 홀에서 쓰리퍼팅을 하는 경우가 많으므로 그 이상 퍼터를 사용할 것입니다. 그런데도 우리는 연습장에서 퍼팅연습을 그리 많이 안 합니다. 당장 골프스윙의 문제점을 교정하는 것만으로도 시간이 부족하기 때문이죠. 하지만 우리는 퍼팅연습을 많이 해야 합니다.

먼저 퍼팅그립부터 연습을 하는 것이 좋습니다. 스윙 시의 그립 모양과 퍼팅 시의 그립 모양은 다릅니다. 골프스윙의 그립은 손목을 유연하게 움직이게 만드는 것이 핵심이지만, 퍼팅그립은 손목이 잘 사용되지 않게 만드는

올바른 퍼팅그립(왼손)

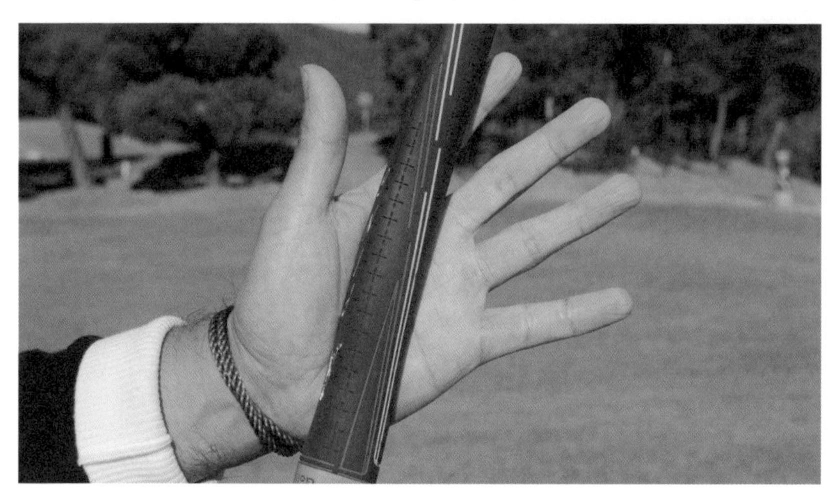

퍼팅그립은 손바닥으로 잡아준다.

올바른 퍼팅그립(최종)

양손을 합장하는 느낌으로 잡아준다.

올바른 퍼팅 어드레스 자세(정면)

공의 위치는 중앙에서 살짝 왼쪽이다.

올바른 퍼팅 어드레스 자세(측면)

고개를 숙일 때 공이 눈 바로 아래에 있게 한다.

것이 핵심입니다. 이에 그립은 왼손도 손바닥으로 잡아주며 오른손 역시 손바닥으로 잡아줍니다. 그런 다음 왼손의 검지는 오른손 약지부터 손가락 위에 오게 합니다. 이렇게 잡게 되면 손목을 잘 움직일 수 없습니다. 여러분들도 이렇게 잡고 난 후 손목이 얼마나 고정되었는지 확인하면 좋습니다.

이제 퍼팅 자세를 잡는데요, 핵심은 공이 바로 눈 아래 있는 것입니다. 이렇게 하는 이유는 시계추처럼 클럽을 움직이게 하기 위해서이고, 스트로크가 일자로 지나가게 하기 위해서입니다. 발은 어깨넓이 정도보다 좁게 벌립니다. 그리고 퍼팅그립을 상체 위에서 잡고 잡아당기듯 몸에 붙여줍니다. 그런 다음 인사하듯이 내려가는데, 처음에 말한 눈이 공 바로 위에 오게 합니다.

이제 무릎을 살짝 굽혀줍니다. 이것이 기본자세인데요, 이 자세도 불편하기에 처음에는 허리가 무척 아프고 몸에 힘이 많이 들어갑니다. 퍼팅 스트로크는 몸과 머리가 움직이지 않으면서 시계추처럼 어깨로만 스윙을 한단 느낌으로 흔들어줍니다. 이때 클럽 페이스가 일자가 되게 유지하기 바랍니다.

집에서도 충분히 가능한 퍼팅 연습

골프에서 제일 많이 사용하는 클럽은 바로 퍼터입니다. 그리고 연습장에서 제일 연습을 안 하는 클럽이 바로 퍼터입니다. 연습장은 보통 한 시간 동안 연습을 하는데요, 골프스윙의 부족함을 알기 때문에 연습을 하다 보면 퍼팅까지 연습할 시간이 부족합니다. 그렇다고 제일 많이 사용하는 퍼팅을 안 하기에는 아쉬움이 많습니다. 그래서 심짱은 많은 분들에게 퍼팅매트를 구입해 연습을 하라고 합니다. 퍼팅 연습은 연습장에서 해도 한계가 있기에 심짱은 집에서 퍼팅매트를 구입한 후 연습하는 것을 추천합니다. 퍼팅은 복잡한 스윙이 없고 단순한 스윙입니다. 몸을 고정하고 클럽을 움직이는 것이죠. 이때 클럽 페이스가 최대한 일자를 유지해야 합니다. 사실 이 동작은 단순해 보이지만 공을 맞는 시점에서 클럽 페이스가 오픈되거나 닫혀지면 공은 똑바로 나가지 않습니다. 이에 몸이나 머리를 움직이지 않으면서 퍼팅 스트로크를 하는 것이 중요합니다. 만약 퍼팅매트가 없다면 빈스윙으로 해도 좋습니다. 퍼팅에서 가장 중요한 '고정'을 연습해야 합니다. 그것은 바로 머리와 힙입니다. 퍼팅 스트로크를 할 때 머리를 벽에 붙여놓고 연습을 하거나 반대로 힙을 벽에 붙여놓고 연습을 해봅니다.

의외로 퍼팅할 때 머리나 힙이 많이 움직입니다. 그래서 처음부터 움직이지 않는 느낌이 무엇인지 알기 위해 벽에 머리 또는 힙을 붙여놓고 연습해보면 상당히 고정되는 느낌을 받을 수 있는데요, 연습을 많이 하다 보면 그것이 고정되는 느낌이 없어지고 당연한 것으로 느껴지게 될 것입니다.

퍼팅은 앞에서 말했듯이 작은 스윙입니다. 그래서 스윙이라는 말보다는 스트로크라는 말을 합니다. 하지만 이 작은 동작에 많은 움직임이 생기게 되죠. 움직이지 않게 하는 것이 퍼팅의 가장 중요한 포인트입니다.

심짱의 꿀팁!

퍼팅은 골프스윙과 다른 영역입니다. 공을 굴리는 것이죠. 퍼팅을 잘하려면 마치 당구공을 포켓에 넣는 것처럼 굴려서 넣어준다고 생각하고, 그 단순한 동작을 자주 연습해줘야 합니다. 만약 집에서 한다면 1~2m 거리에서 작은 물건을 놓고 맞추기를 해도 됩니다. 퍼팅의 단순함을 생각하면서 연습해보세요.

드라이브를 잘 치려면 어떻게 연습해야 하나요?

▶ 드라이버를 잘 치는 방법

QR코드를 스캔하셔서 동영상 강의를 보신 후에
이 칼럼을 읽으시면 훨씬 이해가 잘됩니다!

필드에 나갈 정도라면 드라이브부터 연습하자

골프연습을 할 때 흔히 7번 아이언으로 시작합니다. 그리고 천천히 롱아이언을 연습하고, 이후 드라이버클럽으로 넘어갑니다. 골프를 배우는 과정에서는 이런 연습과정이 맞습니다.

그런데 실제 골프장에 가면 어떤 클럽을 가장 먼저 사용하나요? 그것은 바로 드라이버클럽입니다. 그렇다면 왜 연습할 때도 드라이버클럽부터 연습을 하지 않는 것일까요? 만약 연습장에서부터 드라이버클럽부터 연습을 한다면 추후 필드를 가든, 스크린골프장을 가든 그다지 어색하지 않을 것입니다.

당연히 몸을 많이 풀지 않는 상황에서 드라이버 스윙을 하면 대부분 잘 맞지 않습니다. 프로들은 습관적으로 라운드 전에 연습장에서 몸을 풀고 오거나 적당한 힘으로 스윙을 해줍니다. 하지만 초보 골퍼는 스윙의 완성도가 아직 부족한 상황에서 처음부터 드라이버클럽으로 스윙을 하면 잘 맞는 경우보다 안 맞는 경우가 훨씬 더 많습니다.

그래서 드라이버클럽부터 스윙 연습을 해줘야 합니다. 골프스윙이 완성이 안 됐다면 힘들겠지만, 어느 정도 스윙을 배웠고 필드를 나갈 정도라면 드라이버클럽부터 연습할 필요가 있습니다. 특히 골프라운드 일정이 잡히면 그 날을 위한 드라이버 연습을 해줍니다.

연습장에서 드라이버로 먼저 치면 잘 맞지도 않지만 무엇보다 심리적으로 부담이 있습니다. 바로 이런 부분도 좋아진답니다. 단, 드라이버 스윙 시 충분히 몸을 풀어주고 해주세요.

연습장에서의 드라이버 연습 노하우

드라이버로 처음부터 연습하는 것은 첫 티샷에서 부담감을 없애기 위한 것입니다. 하지만 처음부터 드라이버로 시작을 하면 몸도 안 풀리고, 당연히 잘 맞지도 않을 것입니다.

우리의 목표는 부담감을 없애는 것이므로 처음부터 드라이버를 잡고 스윙을 하되 작은 똑딱이 크기부터 해주는 것도 좋습니다. 처음에는 드라이버로 50m 보내기를 몇 번 하고, 그 다음 100m 보내기를 몇 번 하면서 공의 정타를 맞추는 연습과 함께 방향성을 봅니다. 분명 빗맞기도 하면서 방향성이 항상 좋지는 않을 것입니다. 그러므로 내가 컨트롤 할 수 있는 범위 내에서 연습을 하는 것이 좋습니다.

만약 연습장에서 드라이버를 연습할 때 방향이 틀어진다면 본인이 가지고 있는 고질적인 스윙의 문제를 작은 스윙에서 교정해보려는 노력이 필요합니다. 이후 작은 스윙에서 방향이 잡혔다면 점점 스윙을 크게 해보기 바랍니다.

심짱은 필드영상을 촬영하면서 출연하는 많은 게스트들에게 "첫 샷을 잘하기 위해서는 무엇을 해야 하냐"고 자주 물어봅니다. 그중 가장 많이 나오는 이야기는 "첫 홀의 목표는 똑바로 가는 것이기에 내가 똑바로 갈 수 있는 스윙의 스피드만 내서 친다"는 것입니다.

이런 이야기는 상당히 중요합니다. 작은 스윙으로 시작해 드라이버 샷이 똑바로 가는 크기와 스피드가 얼마 정도인지를 알아야 합니다. 보통 많은 분들이 70~80% 힘으로 친다는 말을 많이 합니다. 그 이상 치면 더 갈 수는 있지만 휘어질 가능성도 있기 때문에 그 이상의 힘으로 .치지 않는다고 합니다.

또 많이 나온 이야기는 바로 리듬과 템포입니다. 스윙을 하는 동안 너무 성급하게 휘두르는 것이 아닌 부드럽게 타이밍을 잘 맞춰 치는 것인데요, 이 부분이 어렵다고 생각할 수 있지만 쉽게 설명해보면 내가 클럽을 컨트롤 할 수 있는 스피드라고 보시면 됩니다. 골프스윙을 아주 느리게 하면 클럽 헤드가 어디쯤 위치하는지 알 수 있죠. 이 헤드의 위치를 느끼면서 스윙을 할 수 있다면 좋은 리듬감을 만들 수 있습니다.

드라이버 샷에서 똑바로 공을 보내기가 일반 골퍼에게는 상당히 어렵습니다. 그래서 구질이라는 것이 중요합니다. 구질은 내가 자주 나오는 공의 방향인데요. 오른쪽으로 휘어지는 슬라이스 구질이 나오는 골퍼가 있다면 그것을 너무 극단적으로 교정을 하다 보면 다시 왼쪽으로만 공이 나갑니다. 그래서 조심스럽게 교정을 하다 보면 오른쪽으로 휘어지는 것을 큰 범위가 아닌 작은 범위로 만드는 것도 좋습니다. 그래야 일정한 구질을 만들 수 있습니다. 내 구질이 명확하다면 필드에서 약간만 왼쪽으로 보고 친다면 항상 일정하게 오른쪽으로 약간 휘어 페어웨이에 들어오겠죠. 너무 똑바로 보내는 샷을 만들기보다는 일정한 샷을 만드는 것도 중요합니다.

심짱의 꿀팁!

드라이버는 연습장에서는 잘 맞다가도 필드에만 나오면 잘 안 맞는 경우가 있습니다. 또는 필드에서 갑자기 내 구질의 정반대 구질의 나오기도 하죠. 그것을 교정하기 위해 필드에서 무던히도 노력하지만 안타깝게도 대부분 교정이 되질 않습니다. 그럴 때는 드라이버로 티샷을 하지 말고 우드나 유틸리티클럽을 선택해야 합니다. 그리고 나중에 연습장에서 교정을 해야 효과적입니다.

골프스윙을 열심히 연습하다 보면 우리는 다양한 문제점들을 경험하게 됩니다. 참 재미있는 것은, 나만의 스윙문제라고 생각할 수 있지만 사실 많은 골퍼들이 겪는 공통적인 고민들이 많다는 겁니다. 우리가 처음 드라이버를 쳤던 생각을 해보면 대부분 오른쪽으로 날아가는 슬라이스가 나옵니다. 그리고 늘상 듣는 소리는 "아웃-인 궤도가 문제야"입니다. 또한 내 드라이버 비거리는 지인의 아이언 비거리보다도 안 나가는 듯합니다. 뒷땅이 나고 생크가 나는 등 내 몸에는 나쁜 스윙이 다 들어 있는 듯합니다. 하지만 초보 골퍼들의 공통적인 고민이고 문제입니다. 그것이 왜 그런지, 또 무엇을 교정해야 하는지 하나하나 풀어드립니다.

4장

골린이들이 가장 많이 호소하는 골프스윙의 문제점

공이 왜 주로 오른쪽으로 날아가는 건가요?

▶ 친 공이 오른쪽으로만 간다면?
QR코드를 스캔하셔서 동영상 강의를 보신 후에
이 칼럼을 읽으시면 훨씬 이해가 잘됩니다!

초보 골퍼를 너무 힘들게 하는 슬라이스

'나는 왜 공을 치면 오른쪽으로 날아갈까?' 오른쪽으로 날아가는 공을 푸시 또는 슬라이스 구질이라고 말합니다.

당연히 골프스윙의 문제이지만, 재미있는 점은 슬라이스가 골프를 시작할 때 나오는 대표적인 구질이라는 것입니다. 골프를 시작할 때 왜 왼쪽보다는 오른쪽으로 공이 날아갈까요? 궁금하실 겁니다. 참 어려운 문제입니다.

심짱인 저도 슬라이스가 드라마처럼 교정된다고 말하기는 어렵습니다. 하지만 중요한 포인트를 알고 스윙을 한다면 슬라이스 교정에 많은 도움이 될 것입니다. 지금부터 그 이유와 해결방법을 알아보겠습니다.

공이 오른쪽으로 날아가는 이유

공이 오른쪽으로 날아가는 이유는 다음과 같은 3가지 경우로 볼 수 있습니다.

첫째는 임팩트 시 클럽 페이스가 내가 보내려는 방향보다 오른쪽으로 열려 있는 경우입니다. 둘째는 임팩트 시 클럽 페이스는 타깃 방향을 봤어도 클럽의 진행방향이 타깃 방향보다 왼쪽으로 나간 경우 이런 샷을 '컷샷'이라고 하거나 '깎아친다'라고 표현합니다. 탁구나 테니스에서도 위에서 아래 방향으로 깎아치듯이 스윙을 하면 공이 오른쪽으로 날아가는 경우와 같습니다. 셋째는 클럽 헤드보다 몸의 회전이 빨라 헤드가 뒤에서 따라오는 경우로, 공이 맞으면 오른쪽으로 갑니다.

그럼 지금부터 어떤 것이 나의 문제인지 직접 공을 치면서 몇 가지 실험을 통해 내 스윙의 문제를 찾아보시기 바랍니다.

시작부터 닫아놓고 치면 해결된다

첫 번째 실험은, 클럽 페이스를 아예 시작 때부터 닫아놓고 치는 겁니다. 즉 타깃 방향보다 왼쪽을 가리키고 골프스윙을 하는 겁니다. 이렇게 해서 공이 오른쪽으로 날아가지 않고 똑바로 날아간다면 교정이 된 것입니다. 즉 내가 스윙을 시작할 때는 클럽 페이스를 타깃 방향으로 잘 정렬해 시작했지만, 스윙하는 동안 어떤 이유로 클럽 페이스가 열려 있는 상태에서 공이 맞았다는 것입니다.

골프스윙은 빠른 시간에 하기 때문에 클럽 페이스가 언제 어떻게 열렸는지 잘 모르는 경우가 많습니다. 만약 교정이 되었다면 어드레스 시 클럽 페이스를 계속 닫고 칠 순 없겠죠.

단, 이건 말 그대로 실험이었으니 이제는 어디에서 클럽 페이스가 열렸는지 찾아야 합니다. 이 부분은 간단합니다. 스윙하는 동안 어디선가 클럽 페이스가 열렸던 것이므로 스윙하는 동안 클럽 페이스를 닫는 느낌으로 스윙을 하면 됩니다.

그렇게 하기 위해서는 왼손등을 안쪽으로 최대한 감아주면서 스윙을 하는 것입니다. 오른손의 느낌은 오른손목이 쟁반 받치듯이 해주는 동작입니다. 이렇게 하면 클럽 페이스가 닫히게 됩니다. 골린이 입장에서는 닫는 느낌이지만 사실 그 전에 너무 클럽 페이스가 열려 있었던 것이지요.

궤도의 문제는 이렇게 교정한다

그런데 어드레스 시 클럽 페이스를 닫고 치고 또는 심짱이 말한 대로 손등을 굽혔는데도 오른쪽으로 날아간다면 궤도의 문제가 있을 수 있습니다. 위에서 아래 방향이 너무 강한 것이지요.

이것이 문제인지는 공이 날아가는 타깃 방향의 뒤쪽에 스마트폰을 놓고 영상으로 찍어보면 알 수 있습니다. 만약 그렇다면 지금 말하는 방법을 써보시기 바랍니다.

일반적인 어드레스를 서고 클럽 페이스를 약간만 타깃보다 왼쪽을 보게 한 후 오른발을 한 발 정도 뒤로 뺍니다. 그리고 샷을 몇 번 해봅니다. 처음에는 어색해서 공을 잘 못 맞추거나 계속 오른쪽으로 날아갈 수 있습니다. 하지만 10분 정도 계속 해보기 바랍니다.

만약 이렇게 해서 공의 구질에 변화가 생긴다면 궤도에 문제가 있는 것입니다. 발을 빼고 쳤을 때 하체보다는 상체의 편안한 움직임을 느끼는 데, 그리고 클럽의 궤도가 상당히 안쪽으로 움직이는 데 더 집중해서 해보기 바랍니다. 결국 다시 오른발이 정상으로 돌아와서 공을 쳐야 하기 때문에 상체의 움직임과 클럽의 안쪽 궤도를 생각하면서 치시면 좋습니다.

손과 헤드가 늦게 맞을 때의 교정법

마지막으로, 몸의 움직임이 너무 빨라서 손과 헤드가 늦게 맞는다면 공이 오른쪽으로 날아갑니다.

당연히 몸을 적게 쓰고 손과 헤드의 움직임을 빠르게 스윙하면 되겠지만, 보통 골린이 시절 때는 몸이 말을 잘 듣지 않습니다. 아무리 손과 헤드를 빠르게 한다고 해도 끝까지 몸이 빠른 경우가 많습니다.

이럴 때는 위에서 말한 것처럼 오른발을 빼고 손의 움직임을 더 빠르게 해보면 좋습니다. 단, 오른발을 빼고 치면 공이 잘 맞지 않는 경우가 있어서 골린이분들이 재미없어 하시더군요.

그럼 다른 방법으로 두발을 모으고 스윙을 해보기 바랍니다. 두발을 모으면 몸의 움직임이 적어지게 됩니다. 그런 다음 손과 헤드의 움직임을 빠르게 해보기 바랍니다. 만약 이렇게 해서 구질에 변화가 생기면 '내 스윙은 몸이 빨라서 공이 오른쪽으로 날아갔구나'라고 생각하면 됩니다.

발을 모으고 손과 헤드의 스피드를 연습하고 점점 발을 넓혀가봅시다. 이때 몸과 손의 리듬과 타이밍*을 느끼면서 스윙연습을 해보기 바랍니다.

타이밍(Timing)
스윙에서 상체와 하체의 조화로 클럽이 공을 맞추는 순간을 뜻함

 중요한 것은 '힘을 빼기'

이 방식으로 교정한다면 공이 오른쪽으로 날아가는 것을 조금이나마 방지할 수 있습니다.

이제 마지막 큰 교정이 남아 있습니다. 앞서 말했듯이 "골프를 시작하면 공이 오른쪽으로 날아간다"고 했습니다. 사실 앞에서 말한 교정방법을 들어 보셨거나 해보신 분들도 있을 것입니다. 그런데 누구는 되고 누구는 안 되는 경우가 있죠.

여기서 중요한 것이 바로 '힘을 빼기' 입니다. 골프에서 힘을 빼야 한다는 말을 정말 많이 듣습니다. 우리는 그 사실을 모르는 게 아니라 힘이 안 빠져서 문제지요. 힘을 빼기 위해서는 조금 더 생각을 해보셔야 하고 또 시도를 해보셔야 합니다.

골프에서 힘을 빼야 한다고 알고 있지만 사실 공을 강하게 칠 때는 힘을 강하게 줘야 합니다. 선수들의 스윙에서 임팩트 때 정지화면을 보면 팔뚝에 핏줄이 설 정도로 꽉 그립을 쥐고 있고, 또한 그들의 얼굴을 보면 엄청 힘을 많이 준 표정입니다. 당연히 임팩트 시 힘을 줘야 강한 비거리가 나옵니다.

그럼 선수들은 힘을 주고 칠까요? 그건 아닙니다. 어드레스부터 백스윙

까지 힘을 잘 빼고 있다가 임팩트 시 힘을 주는 것입니다. 마치 망치질하듯이 처음엔 힘을 빼고 그립을 가볍게 쥐고 있다가 못을 박을 때 강하게 힘을 주는 것이지요.

그럼 우리도 이렇게 하면 될 듯하지만 쉽지는 않을 것입니다. 우리가 당장 가능한 몇 가지 방법을 알려드립니다. 용기를 갖고 시도해보기 바랍니다.

먼저, 그립 부분입니다. 골프클럽의 그립은 고무로 되어 있고 또 왼손에는 장갑을 끼고 있기에 상당히 힘을 빼도 클럽이 놓쳐지지 않습니다. 여기서 손가락 위주로 그립을 잡는다면 더욱더 클럽이 놓쳐지지 않습니다. 이와 함께 조금 스트롱그립으로 잡아주시기 바랍니다.

이 상태에서 빈스윙을 하는데, 그립의 힘을 거의 다 빼보시기 바랍니다. 꼭 클럽이 날아 갈 듯한 느낌으로 해보기 바랍니다. 막상 해보면 힘을 많이 뺐는데도 클럽이 손에 붙어 있는 느낌이 날 것입니다. 그리고 스트롱그립으로 잡았기에 임팩트 시 조금 더 강하게 스윙을 해보기 바랍니다. 분명 힘을 뺐는데도 강한 스윙의 느낌이 날 것입니다. 그리고 공을 놓고 그 느낌과 비슷하게 시도를 하시고 또 반복훈련을 해보기 바랍니다.

또 다른 방법은 지금 하고 있는 그립과 본인의 스윙에서 힘을 빼는 것을 시도하는 것입니다.

스윙 시 힘이 들어간다고 느끼시면 어디에서 들어갈까요? 그것을 먼저 알아야 합니다. 보통 우리는 어드레스에서는 힘을 빼고 있습니다. 힘을 주기 시작하는 것은 바로 테이크백부터 백스윙까지 하는 동안 힘이 들어갑니다. 그리고 연속적으로 힘을 주어 스윙을 하죠. 그럼 이렇게 해보기 바랍니다.

어드레스 때 힘을 뺀 느낌에서 백스윙을 시작하는데, 손을 오른쪽 허벅지 앞까지 이동하면 코킹을 하고 멈춥니다. 이 상태에서 힘을 쭉 빼봅니다.

특히 어깨를 내리시기 바랍니다.

그리고 이 힘을 뺀 느낌으로 스윙을 하면서 공을 쳐 보시기 바랍니다. 상당히 힘이 빠진 느낌으로 공을 칠 수 있을 것입니다. 당장 공이 안 맞을 수 있지만 몇 번을 쳐보면 금방 타이밍을 잡고 좋은 샷이 나올 거라 생각합니다. 우리는 백스윙을 하면서 클럽에 힘을 주는 경우가 많기에 그 때 힘을 빼는 것을 신경 써야 합니다. 그리고 힘은 어깨에서 들어가는 경우가 많으니 어깨를 내린다는 생각을 하시기 바랍니다. 이런 식으로 몇 번을 연습하다 보면 훨씬 좋아진 모습을 볼 수 있을 것입니다.

심짱의 꿀팁!

슬라이스의 주된 원인 중 하나는 아웃-인 궤도입니다. 그 아웃-인 궤도를 교정하는 것은 어렵습니다. 보통 초보 골퍼 시절에는 오른손에 힘을 많이 주면서 하는데요, 오른손을 거의 놓다시피 하면서 치면 궤도 교정이 좋아지고, 골프스윙의 여러 면이 좋아질 것입니다.

공이 왜 주로 왼쪽으로 날아가는 건가요?

▶ 친 공이 왼쪽으로만 간다면?
QR코드를 스캔하셔서 동영상 강의를 보신 후에
이 칼럼을 읽으시면 훨씬 이해가 잘됩니다!

궤도가 문제인 경우

공을 치면 왼쪽으로 날아간다면 어떻게 날아가는지 확인해야 합니다. 즉 왼쪽으로 똑바로 날아가는지, 아니면 왼쪽으로 휘어서 날아가는지를 확인해야 합니다.

첫 번째처럼 왼쪽으로 그냥 똑바로 간다면 궤도에 문제가 있는 것입니다. 즉 아웃-인 궤도로 오면서 임팩트가 되는 것이죠. 궤도의 수정이 필요합니다. 당연히 인-아웃으로 치면 되겠습니다만, 쉽게 되지 않을 것이니 다음의 연습방법을 제안해봅니다.

어드레스 때 오른발을 발 하나 정도 뒤로 빼고 섭니다. 그리고 스윙을 해보면 당연하게 인-아웃 스윙이 만들어집니다. 그 상태로 공을 몇 번 쳐보면 볼의 방향이 달라집니다.

그 느낌을 몸에 익힌 후 점점 발을 정상 스탠스*로 가져옵니다. 점점 정상으로 들어올 때마다 왼쪽으로 가는 볼들이 나올 수 있습니다. 그럼 다시 발을 빼고 인-아웃스윙을 몸에 익히면서 다시 정상 스탠스로 와서 공을 치는 연습을 합니다.

> **스탠스(Stance)**
> 공을 향해 두 발의 위치를 정하고 타구 자세를 취하는 것

당연히 처음부터 정상 스탠스로 인-아웃 궤도를 만들어 치면 제일 좋습니다. 시도해보는 것도 좋다고 생각합니다. 공을 잘 맞추겠다는 생각보단 클럽이 움직이는 인-아웃의 궤도를 많이 신경 써야 합니다. 연습할 때는 더 과감하고 큰 동작으로 인-아웃 동작을 해보기 바랍니다. 다운스윙의 인사이드 궤도도 중요하지만 임팩트 이후 아웃사이드 궤도가 나와야 진정한 인-아웃 궤도가 된다는 것도 중요하니 꼭 기억하기 바랍니다.

클럽 페이스가 문제인 경우

두 번째처럼 왼쪽으로 휘어지는 구질은 클럽 페이스와 연관이 많습니다. 클럽 페이스가 많이 닫혀 있다 보면 공의 회전이 많아져서 휘어지는 볼이 잘 나옵니다. 즉 손을 많이 쓰는 경우이거나, 잘 내려오다가도 임팩트 시 상체와 함께 손이 돌아가는 경우에도 왼쪽으로 많이 휘어집니다. 즉 임팩트 시 손을 써서 닫히는 것인지, 아니면 몸을 써서 닫히는 것인지부터 먼저 파악해야 합니다.

만약 단순히 클럽 페이스가 닫혀서 왼쪽으로 휘는 것이라면 사실 문제 해결은 의외로 간단합니다. 클럽 페이스를 테이크백부터 열어주는 느낌으로 치면 해결될 수 있습니다. 또는 어드레스 시 살짝 오픈해놓고 쳐도 됩니다.

문제는 임팩트 시 상체가 덮이면서 손이 돌아가는 것이 문제입니다. 즉 몸이 회전하는데 클럽 페이스를 오픈하는 것이 쉽지 않습니다. 이 부분은 스윙의 기술적인 부분도 맞아야 하며, 유연성도 좋아야 합니다.

그럴 땐 다음의 2가지 방법을 시도해보면 좋겠습니다. 첫 번째는 다운스윙부터 상체와 하체가 분리되어 상체가 오른쪽을 보는 느낌으로 다운스윙을 해줍니다. 이렇게 되면 궤도가 인사이드로 내려오면서 임팩트가 되어 공이 오른쪽으로 출발하게 합니다.

두 번째는 다운스윙 시 팔을 빠르게 내리면서 클럽 헤드도 빠르게 내려줍니다. 너무 클럽의 레깅을 잡고오다보면 상체가 덥혀질 때 손이 갑자기 돌아가는 현상이 생깁니다. 이것을 방지하고자 빠르게 손과 클럽 헤드를 내려서 설령 몸이 써져도 심한 왼쪽으로 가지 않게 만들어줍니다.

심짱의 꿀팁!

골프를 처음 시작할 때는 슬라이스가 나서 문제지만, 나중에 중상급자 또는 프로 레벨로 가면 훅으로 고생하는 분들이 많습니다. 힘을 쓰기 시작할 때는 상체가 많이 덥히게 되고, 또한 손에도 강하게 힘을 주게 되기 때문입니다. 제일 좋은 방법은 골프스윙을 배울 때부터 신경을 쓰는 것입니다. 훅의 교정은 슬라이스보다 더 어려운 경우가 있으니 초보 때 슬라이스가 나더라도 너무 성급하게 왼쪽으로 보내려고 하지 말아야 합니다. 즉 상체를 덮으면서 또는 손을 너무 강하게 쓰면서 교정하려고 하지 말아야 합니다.

내 공은 왜 가운데로는 안 가고 좌우로만 갈까요?

▶ 일관성 없는 구질이라면?
QR코드를 스캔하셔서 동영상 강의를 보신 후에
이 칼럼을 읽으시면 훨씬 이해가 잘됩니다!

다운스윙을 정상궤도로 만들자

골퍼들은 "와이파이처럼 공이 날아간다"는 말을 합니다. 즉 왼쪽과 오른쪽으로 일관된 방향성 없이 주로 간다는 말인데요. 당연히 중앙으로도 날아가지만 생각만큼 비거리가 나지 않습니다.

공의 구질을 결정하는 것은 크게 2가지입니다. 그것은 바로 스윙궤도와 임팩트 시 클럽 페이스입니다.

골프를 막 시작하면 대부분은 공이 오른쪽 방향으로 날아가는 슬라이스 구질이 나옵니다. 그리고 그것을 교정하기 위해 왼쪽으로 강하게 치는 연습을 합니다. 그러면 다시 왼쪽으로만 공이 날아가는 훅성 구질이 잘 나옵니다. 이것을 중앙으로 보내려고 해도 계속 오른쪽 아니면 왼쪽만 나오는 것이 많은 골퍼들의 슬픈 스토리입니다.

다운스윙 시 기술적으로 인-아웃 궤도를 시도하려고 해도 초보 골퍼 시절에는 힘이 들어가기 때문에 다운스윙을 시작하는 순간 상체의 힘이 들어가면서 클럽이 늦게 내려오기 때문에 아웃-인 궤도가 많이 나옵니다. 당연히 힘을 빼고 다운스윙을 하면 됩니다. 하지만 골프를 처음 시작한 분이 힘을 빼기는 무척 힘든 일입니다.

힘이 들어간 상태에서 임팩트를 하게 되면 손의 힘 때문에 로테이션이라는 동작이 잘 되지 않습니다. 그래서 흔히 "깎아친다"는 말을 하는데요, 이런 방식으로 공을 치면 바로 슬라이스가 나오게 됩니다.

여기서 궤도를 교정하지 않고 바로 손만 강하게 로테이션시키면 아웃-인 궤도로 내려온 클럽에서 클럽 페이스를 닫히게 만들기 때문에 바로 훅이 나오게 됩니다.

결국 다운스윙을 정상궤도로 만드는 것이 일관된 구질을 만들기 위해 첫 번째로 해야 할 일입니다. 그 전에 내가 어느 정도의 아웃-인 궤도인 줄 알아야 하고, 교정 가능성도 체크해야 합니다.

연습장에 가시면 측면에 스마트폰을 놓고 비디오 촬영을 해보기 바랍니다. 그리고 촬영 후 가상의 2개 선을 그어놓습니다. 한 선은 클럽 헤드에서 어깨쪽으로 라인을 그리고, 다른 한 선은 클럽 헤드에서 샤프트 라인대로 그대로 그려놓습니다. 그리고 다운스윙 시 가상의 선 안으로 얼마나 들어오는지 봅니다. 만약 어깨라인과 거의 비슷하게 내려오고 있다면 '그리 심한 것은 아니니까 조금만 교정하면 되겠구나' 하고 생각하면 되겠죠.

또 촬영을 합니다. 그냥 공 없이 스윙을 해봅니다. 그렇게 했을 때 얼마나 두 선의 중앙으로 오는지 확인해보기 바랍니다. 분명 공이 있을 때의 스윙과 차이가 많이 날 것입니다.

즉 공이 있을 때 힘이 들어간다는 것을 눈으로 확인할 수 있는 부분이죠. 그럼 힘을 빼고 스윙하면 교정이 되겠지만, 이것은 아쉽게도 몇 년이 걸리는 일이기도 합니다. 프로선수들도 미스샷은 리듬과 타이밍의 문제인데요, 보통 힘을 빼지 못해 일어나는 일이기도 합니다.

결국 여러분들은 궤도를 인사이드로 강제적으로 만들어야 합니다. 공을 칠 때는 생각보다 많이 인사이드 궤도를 만들어주면서 공을 치는 것이고, 만약 이것이 잘 되지 않는다면 오른쪽으로만 공을 보낸다는 생각으로 해주시면 궤도는 수정이 됩니다.

다운스윙 시 인사이드 궤도로 내리려면 어드레스부터 백스윙까지 모두 점검해야 하지만, 너무 광범위한 개인차가 있어 한번에 말씀드리기는 어렵습니다. 단, 확실하게 공통적으로 해줘야 하는 것은 백스윙 시 어깨 턴을 많이 해주면서 인사이드 궤도를 시도해보는 것입니다.

이때 주의해야 할 점이 있습니다. 너무 인사이드 궤도로 내려오지 않게 해야 합니다. 너무 인사이드 궤도로 내려오면 공은 오른쪽으로 그대로 날아가는 푸시 볼이 나오고, 이것을 교정하기 위해 클럽 페이스를 닫으면 왼쪽으로 휘어지는 훅성 볼이 나오게 됩니다. 즉 다운스윙 궤도를 교정하더라도 가상의 2개 선의 중앙에 맞출 것을 권장합니다.

클럽 페이스의 교정

다음으로 클럽 페이스의 교정에 대해 살펴보겠습니다.

클럽 페이스의 교정은 처음부터 너무 손을 쓴 로테이션보다는 바디를 써서 로테이션하는 느낌으로 해줘야 합니다. 이때 힘이 들어가서 문제인 골퍼에게 바디 턴을 알려주면 더 어려워지는 경향이 있습니다.

그래서 처음에는 손에 힘을 빼고 손으로 로테이션을 가볍게 해주는 것으로 시작합니다. 이후 궤도 수정만으로도 구질에 변화가 생기면 그것만으로도 충분하지만, 더 완벽한 샷을 구사하기 위해서는 손의 로테이션보다는 몸이 잡아주면서 하는 이른바 '바디로테이션'이 필요합니다.

왼손으로만 로테이션을 해보시면 손의 로테이션의 느낌을 알 수 있습니다. 조금 빠르게 로테이션도 해보시고 또 조금 느리게 로테이션도 해보면서 클럽 페이스의 열고 닫음을 느껴보시면 됩니다.

스윙을 교정할 때는 꼭 촬영을 통해 느낌과 실제 모양이 얼마나 같은지 보셔야 합니다. 또한 스윙연습을 할 때 느꼈던 것들을 실제 스윙으로 가져가기 위해 노력하면 스윙의 교정이 더 빨라집니다.

심짱의 꿀팁!

공을 쳤을 때 똑바로 가면 좋지만 먼저 내 구질을 일정하게 만들어놔야 교정이 쉽습니다. 공이 오른쪽으로 가든, 왼쪽으로 가든 평균적으로 한쪽으로 가는 스윙을 먼저 만들어놔야 합니다. 거기서 조금만 교정을 해서 휘어짐이 많지 않게 한다면 이것만으로도 골프를 무척 잘하는 것입니다. 처음부터 '너무 똑바로'의 구질보단 '약간 휘어지는' 구질이 좋을 수 있습니다.

왜 비거리가 다른 사람보다 짧을까요?

너무 높은 비거리의 기준을 잡지 말자

골프는 비거리가 전부는 아니지만 주변 골퍼들과 비교하게 되고, 비거리에 대한 이야기를 많이 듣습니다. 내 비거리가 짧다는 것에는 지인들의 기준보다는 대중적인 기준이 있어야 합니다.

보통 드라이버 비거리는 남성분들은 평균 210~220m 정도 나온다고 합니다. 각 용품 브랜드사에서 피팅을 받으러 왔을 때 평균치를 내보았고, 골프존GDR의 통계치에서 나온 수치이기도 합니다.

그런데 이 수치는 실내의 시뮬레이터에서 최대한 강하게 친 수치입니다. 실제 필드에서는 190~200m 정도라고 합니다. 여성분들은 GDR시뮬레이터 기준 평균 180m가 나왔지만 현실적으로 150m를 넘기기가 힘듭니다.

여러분들이 지인들과 공을 치면서 듣는 비거리 이야기는 한방 잘 맞은 비거리를 평균의 비거리로 듣는 경우가 많습니다. 사실 주변에는 100타를 치는 사람들이 대부분인데, 드라이버가 250m를 넘기는 골퍼는 손에 꼽을 것입니다. 즉 너무 높은 비거리의 기준을 잡지 않길 바랍니다.

비거리는 몸에 관련된 것이 많다

하지만 모든 골퍼들은 지금의 비거리를 계속 늘리고 싶어합니다. 심짱도 계속 고민하는 것이 비거리입니다.

비거리가 좀더 나가면 긴 파4에서 도움이 되고, 파5에서는 투온을 노려 볼 수 있습니다. 골프에서 비거리가 전부는 아니지만 비거리가 많이 나올수록 스코어를 줄일 찬스가 더 오는 것이 사실입니다.

그래서 비거리를 어떻게 하면 늘릴 수 있을지 고민을 많이 합니다. 당연히 스윙의 문제도 있을 것입니다. 하지만 비거리는 몸과 관련된 것이 많습니다. 즉 체력이 좋은 사람이 비거리를 더 내게 되어 있습니다.

그래서 비거리를 늘리기 위해서는 기술적인 스윙연습 이외에 지속적으로 스피드 훈련을 해줘야 합니다. 그리고 골프를 배우실 때부터 스윙스피드를 빠르게 해주는 연습을 별도로 해줘야 합니다. 만약 하루에 한 시간을 연습하면 10분은 스윙스피드 훈련을 해줘야 합니다.

프로들의 스윙을 보면 우리와 다른 것은 스윙의 폼도 있지만 무엇보다 스윙스피드가 다릅니다. 프로들은 스윙연습도 꾸준히 하지만, 스윙스피드를 위한 훈련 역시 많이 합니다.

그럼 스윙스피드 훈련을 어떻게 하면 될까요? 프로들처럼 헬스트레이닝을 할 수 없다면 그냥 클럽을 잡고 빠르게 휘두르는 연습을 많이 해봅니다. 더 빠르게 느끼고 싶다면 클럽을 거꾸로 잡고 손의 스피드를 몸에 익히는 연습도 좋습니다.

심짱의 꿀팁!

골퍼들이 이런 말을 많이 합니다. "골프를 잘 모를 때 공을 쳤을 때는 거리가 적당히 나갔다. 그런데 시간이 갈수록 비거리가 줄어든다." 그 이유 중 하나는 휘두름을 하지 않고 스윙폼에만 집중해서 그렇습니다. 비거리는 모양이 아니라 휘두름이란 것을 잊지 마세요.

7번 아이언과 6번 아이언의 비거리가 왜 같은 걸까요?

5번 아이언을 7번 아이언 그립 길이로 쳐보자

많은 초보 골퍼들이 "아이언들의 비거리 차이가 많이 나지 않는다"고 말합니다. 특히 롱아이언으로 갈수록 클럽 간의 비거리 차이가 잘 안 납니다. 예를 들어 5번 아이언과 6번 아이언, 7번 아이언의 비거리가 거의 비슷한 겁니다. 골퍼마다 각자의 이유가 있겠지만, 임팩트 시에 정타를 맞았다면 거리의 차이는 반드시 나게 되어 있으므로 결과적으로 정타를 맞지 않았다는 것입니다.

보통 롱아이언을 잡았다고 하면 멀리 치기 위한 마음이 있습니다. 그러다보니 더 강한 스피드를 내고 손이나 몸이 과도하게 움직이게 됩니다. 클럽의 디자인은 롱아이언으로 갈수록 샤프트가 길어지고, 헤드의 로프트가 세워져 있습니다. 즉 똑같은 힘으로 쳐도 정타만 맞으면 멀리 가게 되어 있는 것이죠. 즉 드라이버클럽을 아무리 살살 쳐도 7번 아이언보다는 멀리 가는 원리입니다.

만약 7번 아이언은 잘 맞는데 6번 아이언과 5번 아이언이 7번 아이언과 거리가 똑같다면 다음과 같은 방법을 시도해보길 바랍니다. 만약 5번 아이언이 안 맞는다면 7번 아이언과 길이를 똑같이 해 그립을 잡고 몇 번 쳐보기 바랍니다.

즉 5번 아이언이지만 잘 맞는다는 7번 아이언의 길이만큼 짧게 잡고 7번 아이언의 마음으로 치는 것이죠. 그렇게 쳐보면 분명 거리 차이가 나기 시작합니다.

그런 다음 아주 조금씩 짧게 잡은 그립을 정상적인 위치로 이동해 다시 쳐보시기 바랍니다. 만약 그립을 다시 길게 잡았을 때 잘 맞지 않으면 다시 7번 아이언의 길이만큼 잡고 다시 치고, 그러다가 익숙해지면 정상 그립으로 와서 쳐보기 바랍니다.

볼이 어디에 있든 아이언은 찍어치자

또 한 가지는 아이언의 타법은 같지만 볼의 위치가 다르다는 것입니다. 위치가 다른 것에 따른 스윙이 있는 것은 아닙니다. 하지만 공의 위치에 따라 공이 먼저 맞거나, 땅이 먼저 맞고 공이 맞는 뒷땅이라는 것이 나올 수 있습니다.

특히 롱아이언은 볼의 위치가 왼쪽이기 때문에 땅을 먼저 맞추는 경우가 많은데요, 타법에서도 공을 맞추기 위해 좀더 왼쪽에 위치한 볼을 타격하기 위한 몸과 손의 움직임이 필요합니다. '아이언은 찍어친다'라는 아주 단순한 생각으로 볼이 어디에 위치하든 찍어치려는 마음으로 공을 쳐보시기 바랍니다.

심짱의 꿀팁!

골프연습에 들어가면 처음에 7번 아이언부터 잡지 말고 6번 아이언이나 5번 아이언을 잡고 시작해보세요. 클럽의 길이에 익숙해지면 볼 컨택이 잘 나오고, 결과적으로 비거리가 많이 나오게 됩니다. 그러다가 잘 안 맞는 클럽이 나오면 그 클럽으로 연습을 시작하는 '첫 번째 클럽'으로 사용해보세요.

아이언은 잘 맞는데 드라이버는 왜 안 맞을까요?

골프스윙은 정말 하나일까?

아마도 모든 골퍼가 다 똑같을 것입니다. 아이언이 잘 맞으면 드라이버가 안 맞고, 드라이버가 잘 맞으면 아이언이 안 맞기 시작하죠.

그런데 참 이상한 일입니다. 모든 레슨프로들은 "스윙은 하나"라고 하는데, 왜 다른 느낌이 나고 차이도 나는지 너무나도 궁금할 것입니다.

사실 스윙은 같지만 힘을 쓰는 원리가 다릅니다. 똑같은 스윙에서 아이언은 내려치는 힘으로 공을 쳐야 공이 잘 맞습니다. 반대로 드라이버는 올라가는 힘에 맞아야 볼의 구질이 좋아집니다.

프로선수처럼 골프스윙이 완성되어 있어 내릴 때 힘을 쓰거나 올려칠 때 힘을 쓰는 것이라면 볼의 구질에 큰 문제가 없습니다. 하지만 다운스윙 시 머리와 상체가 나가는 형태의 스윙을 하는 일반 골퍼는 아이언은 특별히 문제가 없어도 드라이버를 칠 때는 올려쳐야 하는데 여전히 찍어치기 때문에 드라이버가 잘 맞지 않을 것입니다. 반대로 체중이동이 잘 안 되는 골퍼는 올려치는 드라이버는 잘 맞을 수 있어도, 체중이동을 못하기 때문에 아이언에서는 뒷땅이나 타핑 등 다양한 미스샷이 나올 수 있습니다.

드라이버와 아이언을 다 잘 치는 방법

프로에게 볼 수 있는 스윙은 어느 특정 클럽에 치우친 스윙이 아닌 완성도가 높은 스윙입니다. 하지만 일반 골퍼는 그렇지 못하죠. 완성도가 높은 스윙은 오랜 시간을 가지고 점점 만들어가면 좋겠습니다.

우리가 시도해볼 수 있는 원리는 '아이언은 찍어친다. 그리고 드라이버는 올려친다'입니다. 이 원리를 지키면서 스윙을 하는 것인데요, 어드레스 시 드라이버를 칠 때는 공이 왼발 앞에 있지만 마음속으로는 공이 발 중앙에 있다는 생각으로 스윙을 합니다. 그럼 '중앙에 있는 공을 친다'는 마음으로 스윙을 하면 몸과 머리가 왼쪽으로 덜 나가게 되고, 올려치는 원리를 만들 수 있습니다.

반대로 아이언은 발 중앙에 공이 있지만 '왼발 앞에 공이 있다'는 마음으로 스윙으로 하면 중앙에 있는 공이 더 찍히면서 맞게 됩니다.

당연히 한 번만에 좋은 결과가 나오지는 않습니다. 하지만 두 스윙의 원리를 잘 이해하고 스윙을 한다면 점점 드라이버와 아이언의 차이는 줄어들 것입니다.

또 하나의 방법은 아이언으로 드라이버 연습을 해보는 것입니다. 골프를 시작하면 아이언으로 연습을 먼저 하죠. 아이언은 많이 익숙해서 드라이버보다는 잘할 것입니다. 그럼 아이언에서 드라이버로 넘어가기 전에 아이언으로 드라이버 스윙연습을 할 수 있습니다. 공을 왼발 앞의 티에 올려놓고 아이언으로 올려치면서 연습을 해보기 바랍니다. 올려치는 것에 익숙해지는 걸 연습한 다음에 드라이버를 쳐보시길 바랍니다. 그럼 조금 더 편한 느낌이 드실 겁니다.

심짱의 꿀팁!

골프를 오랫동안 해봐도 드라이버와 아이언, 웨지 등 모든 것을 다 잘할 순 없더군요. 모든 것을 다 잘하려다가 너무 긴 시간이 걸릴 수도 있답니다. 잘하는 것은 잘하는 것이고 못하는 것은 못하는 것이라고 인정하는 것도 골프를 잘하게 만드는 요소 중 하나입니다.

몸 왼쪽으로 체중이동이 안 되는 이유가 뭘까요?

▶ 체중이동이 안 된다면?
QR코드를 스캔하셔서 동영상 강의를 보신 후에
이 칼럼을 읽으시면 훨씬 이해가 잘됩니다!

역피봇만은 절대로 하지 말자

골프스윙에 있어 체중이동은 비거리와 방향성에 중요한 역할을 합니다. 하지만 알고 있어도 잘되지 않는데요, 심짱은 체중이동을 하지 못하는 것이 아니라 공 앞에서만 체중이동을 못한다고 생각합니다.

올바른 체중이동은 백스윙 시 체중이 오른발 안쪽으로 이동했다가 다운스윙부터 왼발로 넘어가면서 피니쉬까지 잘 유지시켜주는 것입니다. 하지만 보통 골퍼들은 백스윙 시 오른발로 체중이동을 할 때 다양한 스윙의 실수를 합니다.

사실 백스윙에서 체중이동을 잘 해야 다운스윙부터 왼발로 체중이 잘

역피봇

머리가 양발 밖으로 벗어나서 역피봇이 된 경우다.

올바른 백스윙

백스윙 시 머리는 양발 안에 있어야 한다.

이동하게 되어 있습니다. 단 하나만 신경 써줬으면 합니다. 바로 그것은 '역피봇'이라는 동작으로, 백스윙 시 힙을 오른쪽으로 밀어서 이동시키는 동작만큼은 하지 말았으면 합니다. 이 동작은 정말 많은 초보골퍼가 하는 미스로, 다운스윙에서 많은 미스가 나오게 하는 주범입니다.

제 자리에서 몸을 돌려주기만 해도 체중은 오른발로 이동됩니다. 체중이동은 움직이면서 일어나는 동작입니다. 너무 동작을 만들려 하지 말고 지속적으로 움직이면서 만들어줘야 합니다.

공 앞에만 서면 힘이 들어가는 우리들

처음에 말한 "체중이동을 못하는 것이 아니다"란 말의 의미에 대해 살펴보겠습니다. 보통 골퍼들은 공 앞에서 스윙 전에 연습스윙을 합니다. 이땐 단 한 명도 체중이동을 하지 못하는 모션으로 연습스윙을 하지 않습니다. 연습스윙 때는 아주 자연스럽게 체중이동을 합니다. 그러다 실제 스윙 땐 체중이동이 안 되는 것이죠. 즉 그 말은 공을 보면 나도 모르게 힘이 잔뜩 들어가고 기술적인 부분은 거의 무시한 채 힘으로만 친다는 것입니다. 이것을 알고 있으면서도 공 앞에 서면 매번 똑같은 실수를 하게 됩니다.

이런 때는 공을 칠 때 과하게 체중이동을 해야 합니다. 내 느낌으로는 공을 치고 걸어갈 정도로 체중이동을 합니다. 이 스윙을 처음에는 강제적으로 힘을 줘서 하겠지만 점점 힘을 뺀 상태로 체중이동을 해줍니다. 역시 걸어갈 정도로 해줍니다. 그러고 나서 과한 체중이동을 점점 줄여주는 방식으로 교정을 하면 좋습니다.

체중이동의 교정은 그 동작이 안 되는 것이 아니라 공이 있으면 안 되는 것이기 때문에 좀더 강제성이 필요합니다. 체중이동만큼은 단순함과 반복이 필요합니다. 체중이동은 '이동'이란 단어보다 '돌리고 돌리고' 한다는 마음이 더 중요합니다.

심짱의 꿀팁!

체중이동은 상상을 하면서 해도 좋아집니다. 투수가 야구공을 던지는 느낌으로 해도 좋고, 두 손에 공을 들고 보내고자 하는 방향으로 던지는 연습도 좋습니다. 무언가 던지는 느낌을 자주 상상하다 보면 그와 관련된 근육들이 잘 활성화 됩니다.

왜 걸핏하면 생크가 나는 걸까요?

▶ 생크가 난다면?
QR코드를 스캔하셔서 동영상 강의를 보신 후에
이 칼럼을 읽으시면 훨씬 이해가 잘됩니다!

생크가 나는 원리를 알자

생크(Sank)
샷을 할 때 공이 클럽 샤프트의 목 부분에 맞는 미스 샷

생크*는 클럽의 힐쪽 부분에 맞으며 오른쪽으로 날아가는 볼을 말합니다. 이 생크는 한번 나기 시작하면 지속적으로 나기 시작합니다.

생크의 두려움에서 벗어나려면 생크의 원인부터 알아야 합니다. 클럽이 어드레스 때 볼 위치보다 더 위쪽으로 올라가서 임팩트가 된다는 것인데요, 그렇게 되는 요인을 찾아야 합니다.

먼저, 궤도에 따라서 생크가 날수 있습니다. 아웃-인 궤도에서도 날 수

있고, 인-아웃 궤도에서도 날 수 있습니다. 아웃-인 궤도는 다운스윙 시 클럽이 몸에서 멀어진 상태로 계속 다운하다 보면 결국 멀어진 상태로 임팩트를 하게 되어 클럽의 힐쪽에 맞게 됩니다. 보통 상체가 나가는 경우에 이런 상황이 만들어지죠. 그래서 웨지샷에서 오픈스탠스*를 하고 치다 보면 의외로 웨지에서 많이 일어납니다. 즉 아웃-인 궤도는 클럽을 멀어지게 만들죠. 하지만 인-아웃 궤도도 마찬가지입니다. 너무 인사이드로 내려오다 보면 클럽이 인에서 아웃방향으로 보내지려 해서 클럽이 멀어집니다. 이것 역시 생크가 나는 원인입니다.

오픈 스탠스(Open stance)
오른발을 왼발보다 조금 공쪽으로 내놓고 목표를 향해 취하는 어드레스 자세

생크를 안 내려면 다운스윙 궤도가 정상 궤도로 내려오는 것이 가장 중요합니다. 하지만 이 동작을 익숙하게 만들기 위해서는 정말 오랜 시간이 걸립니다.

생크병이 왔을 때의 몇 가지 해결책

사실 많은 골퍼들이 그동안 생크가 나지 않았는데 갑자기 나는 경우도 있습니다. 우리는 이것을 '생크병에 걸렸다'고 표현합니다. 보통은 몇 주일 동안 생크병으로 고생하죠. 그래서 빠르게 교정을 해야 하는데요, 몇 가지 방법이 있습니다.

제일 먼저 시도해야 하는 해결책은, 짧게 스윙을 하는 것입니다. 즉 하프스윙으로 클럽이 앞쪽으로 밀리지 않게 해 스윙을 해보는 것입니다. 하프스

> **토우(Toe)**
> 클럽 헤드의 끝부분

윙으로 클럽을 컨트롤할 수 있다는 것을 주지한 후에 점점 동작을 크게 해주면 됩니다.

그래도 잘 되지 않는다면 이제는 강제성이 있어야 합니다. 3가지 방법을 소개해드리겠습니다. 첫 번째 방법은 공 윗부분에 공이나 클럽커버를 놓고 그것이 닿지 않게 스윙을 하는 것입니다. 제일 많이 하는 방식 중 하나입니다. 두 번째 방법은 어드레스 때 클럽을 생크가 나는 힐쪽에 놓는 것입니다. 그리고 스윙을 할 때는 클럽의 토우* 쪽에 맞추겠다는 마음으로 스윙을 합니다. 스윙 내내 밀착을 하면서 스윙을 하는 것이죠. 세 번째 방법은 체중을 뒷꿈치 쪽에 실어놓고 스윙을 하는 것입니다. 보통 생크가 나는 분들은 체중이 앞쪽에 있는데, 체중이 앞쪽에 있으면 클럽이 몸에서 멀어지게 됩니다.

생크는 한번에 교정되는 것이 아니라 시간이 필요합니다. 그래서 생크가 난다면 감기가 걸렸다고 생각하시고 다양한 방법을 이용해 빠르게 교정하시길 바랍니다.

심짱의 꿀팁!

생크는 짧은 클럽인 경우에 더 많이 생깁니다. 생크의 이유 중 하나는 스윙을 흐름에 따라 하기보단 스윙 모양을 만들어서 하려고 하기 때문입니다. 하프스윙을 하면서 컨트롤을 하기 위해 힘을 주면서 하죠. 그런 경우 궤도에도 변화가 있기 때문에 생크도 잘 나옵니다. 스윙은 단순할수록 좋습니다.

왜 걸핏하면 뒷땅이 나는 걸까요?

▶ 뒷땅이 난다면?
QR코드를 스캔하셔서 동영상 강의를 보신 후에
이 칼럼을 읽으시면 훨씬 이해가 잘됩니다!

뒷땅이 나는 원리를 알자

뒷땅은 모든 골퍼에게 납니다. 심지어 프로들도 뒷땅이 납니다. 다만 얼마나 덜 나고 더 나고의 차이가 있을 뿐이죠. 아무래도 초보 골퍼 시절에 뒷땅이 많이 나는데요, 그 이유는 다양합니다.

우선 체중이동이 잘 되지 않아 뒷땅이 나기도 합니다. 피니쉬 때 체중이 왼발에 실려 있지 않다면 뒷땅이 날 확률이 높습니다. 그리고 '캐스팅'이라고 다운스윙 시 손이 풀려서 내려오는 경우가 있습니다. 그럼 당연히 뒷땅이 나게 됩니다.

여기서 중요한 점이, 캐스팅이 나는 분이 이것을 교정하지 않고 체중이

캐스팅이 일어난 다운스윙

다운스윙중에 손목을 펴면서 풀리는 경우다.

올바른 다운스윙

다운스윙중에 손목이 풀리지 않게 내려와야 한다.

동을 잘해서 뒷땅을 내지 않으려 하면 스윙은 망가진다는 것입니다. 그래서 심짱은 캐스팅 교정이 먼저이고, 그 다음으로 체중이동이 되어야 한다고 생각합니다.

캐스팅이 나지 않는 것이 먼저다

먼저 연습스윙 시 공의 앞부분을 치는 연습을 합니다. 그때 너무 과한 체중이동이 아닌, 손의 풀림이 없게 해 앞부분을 쳐줍니다. 이것을 일명 앞땅이라고 합니다.

앞땅을 연습스윙해 몸에 익히고, 그 몸동작으로 공을 쳐주면 뒷땅치는 것이 좋아질 것입니다. 그런데도 잘 되지 않는다면 체중을 조금만 이동하면서 해보기 바랍니다. 하지만 앞에서도 이야기했듯이 캐스팅이 안 되는 것이 더 중요하다는 점을 잊어서는 안 됩니다.

앞땅이 연습스윙에서는 별 무리없이 잘 되는데 막상 땅에 공이 있으면 안 되는 경우도 있습니다. 이럴 때는 공을 처음부터 왼발 앞에 놓고 스윙을 해야 합니다. 왼발 앞에 있는 공을 치기 위해서는 기본적으로 몸과 손이 왼쪽으로 나가야 합니다. 여기서 말씀드린 방식만 열심히 연습해도 사실 교정이 많이 될 것입니다.

뒷땅은 골프를 하면서 자주 납니다. 특히 필드에서 뒷땅이 잘 나오죠. 그렇다고 공의 위치를 점점 오른발 쪽에 놓고 치면 더 안 좋은 결과가 나옵니다. 오른쪽에 공이 있으면 친 공은 더 오른쪽 방향으로 밀리게 되고, 체중이

동도 잘 되지 않게 되고, 이외에도 다양한 미스샷이 초래됩니다. 그러므로 뒷땅이 나더라도 공의 위치는 왼발 쪽에 놓고 그 공을 치기 위해 손을 더 끌고 가거나 체중이동을 더 과감하게 해줘야 뒷땅이 덜 나게 됩니다.

심짱의 꿀팁!

뒷땅을 교정하게 해주는 많은 정보와 레슨이 있습니다. 그런데 계속 좋아지지 않는 경우가 많습니다. 최근에 심짱이 뒷땅을 해결하는 방법 중 하나로 트레이닝 용품을 사용해봤습니다. 매트에 어디에 클럽이 먼저 닿았는지 보여주는 매트인데요, 효과가 너무 좋았습니다. 홍보가 아니라는 점을 미리 말씀드리고, 이런 트레이닝 용품을 구입해 스윙을 교정하면 효과가 좋습니다.

왜 걸핏하면 타핑이 나는 걸까요?

▶ 타핑이 난다면?
QR코드를 스캔하셔서 동영상 강의를 보신 후에
이 칼럼을 읽으시면 훨씬 이해가 잘됩니다!

타핑이 나는 원리와 연습법

> **헤드업(Head-up)**
> 임팩트를 보지 못하고 시선을 목표 방향으로 미리 들어 올리는 현상

타핑은 임팩트 시 공의 윗부분을 때려 공이 낮게 굴러가는 샷을 말합니다. 이것 역시 초보 시절에 잘 나옵니다.

제일 큰 이유는 '헤드업*'입니다. 흔히 '헤드업이 되었다'고 하는데요, 공을 맞추는 순간 머리가 위로 올라가면서 공의 윗부분을 타격하는 경우입니다. 그런데 타핑이 나는 분들을 슬로우모션으로 찍어보면 의외로 임팩트 시 헤드업보다는 어깨나 팔은 위로 올리는 경우가 많습니다. 즉 팔이나 어깨에 힘을

뺀 후 내려치는 느낌으로 스윙을 해야 합니다.

하지만 쉽지 않죠. 지속적이고 반복적으로 스윙을 해서 익숙해져야만 힘이 빠지게 됩니다. 즉 많이 해봐야 힘이 빠지게 되죠.

연습스윙 때부터 어깨의 힘을 빼고 클럽을 위에서 아래로 치는 연습을 해줍니다. 그 동작을 한번에 크게 하지 마시고 처음에는 하프스윙으로만 바닥을 치는 연습을 합니다. 그리고 잘 된다면 조금 더 위로 들어서 바닥을 치는 연습을 해줍니다. 그때 힘을 빼더라도 손에는 너무 힘이 빠져 있으면 안됩니다. 망치질을 생각하면 좋습니다. 우리가 못을 박는 순간에는 손에 힘을 줍니다. 골프스윙도 힘을 빼지만 공을 맞추는 순간에는 손에 힘이 들어가야 합니다.

그리고 또 점검해봐야 하는 것이 체중의 이동입니다. 체중이동이 오른발에서 왼발로 와주지 않으면 찍어치는 형태의 스윙을 하기 어렵습니다. 항상 체중을 오른발에서 왼발로 이동해주면서 해줘야 합니다.

심짱의 꿀팁!

제가 골프연습장을 직접 운영할 때 어느 한 회원이 공의 윗부분, 즉 타핑을 계속 치고 있었습니다. 아무리 레슨을 해도 잘 되지 않더군요. 그래서 그냥 티 위에 공을 올려놓고 쳐보라고 했더니 다시 또 타핑을 치더군요. 그래서 티 높이를 더 올렸습니다. 그래도 타핑을 쳤습니다. 마지막으로 더 최고로 올려봐도 타핑을 치더군요. 결국 골퍼의 시선이 계속 공을 따라 올라오고 있었습니다. 그런데 이런 경우가 많습니다. 공을 보지 말고 공 아래를 보고 친다는 마음으로 해보는 것도 좋습니다.

"연습장에서는 공이 잘 맞는데 필드만 나가면 안 맞는다"는 말을 많이 합니다. 무엇보다 골프는 필드에서 좋은 스코어를 내야 하는 게임인데, 나는 늘 상 100타를 깨지 못합니다. 게임을 잘하기 위해서는 샷의 완성도도 중요하지만 다양한 환경에서 샷을 잘해야 좋은 스코어가 나옵니다. 많은 골퍼들과 필드를 가보면 공통적으로 자주 하는 실수들을 볼 수 있습니다. 대부분 경험의 부족으로 나오는 실수들이 많습니다. 5장에서는 필드에서 좋은 스코어를 내기 위해 모든 클럽을 사용하면서 중요하게 생각해야 하는 것들과 스윙방법, 그리고 골프코스를 잘 활용하는 방법에 대해 이야기합니다.

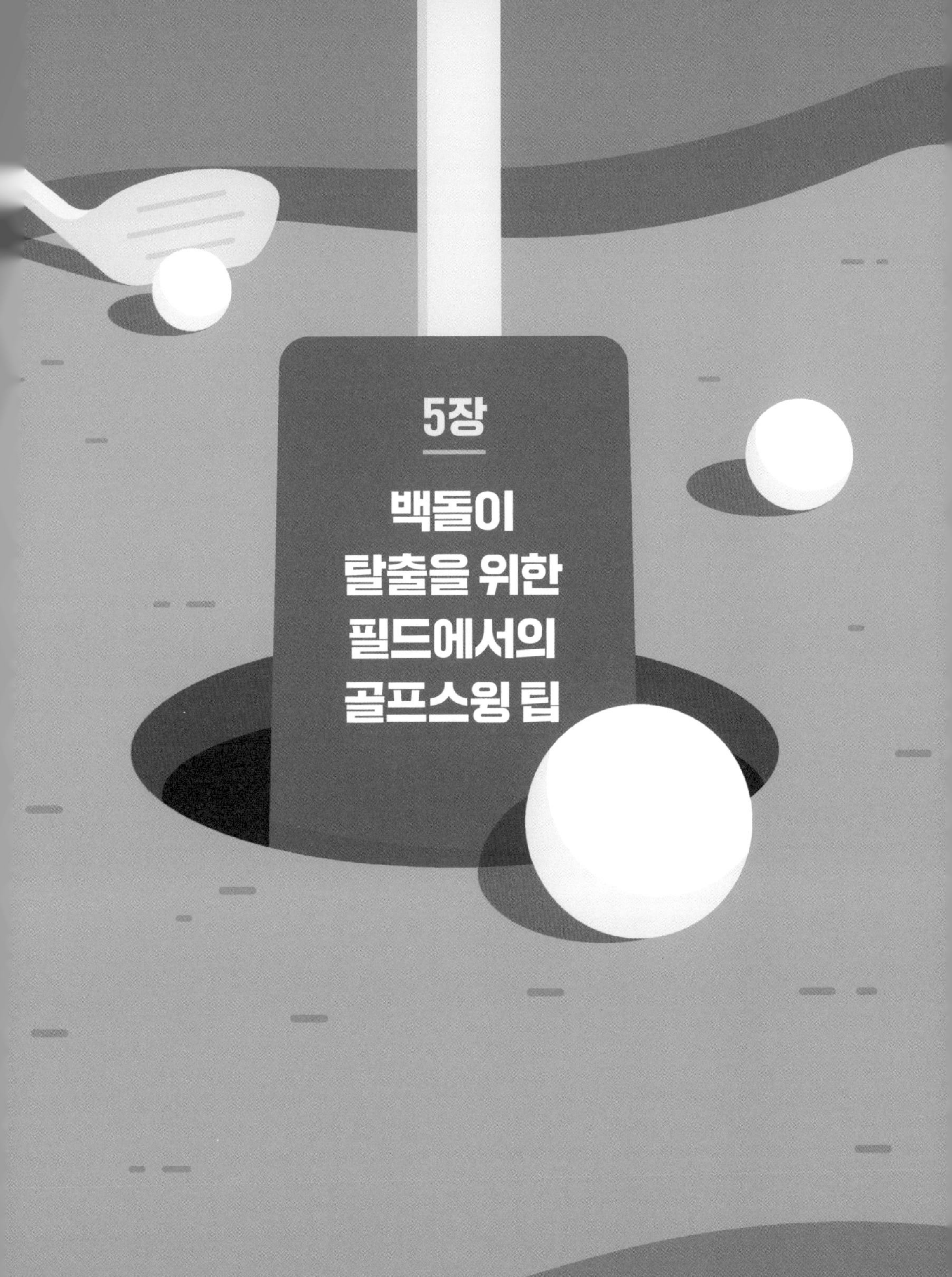

5장

백돌이 탈출을 위한 필드에서의 골프스윙 팁

티박스를 잘 활용하면 실수가 준다는데 어떤 요령이 있나요?

티박스의 중앙만 고집하면 안 된다

골프는 18홀로 구성되어 있고, 총 18번의 티샷을 합니다. 여러분들이 "티박스의 어디 위치에서 티샷을 하나요?"라는 질문에 답변을 할 수 있는 골퍼라면 티박스를 잘 활용하는 것입니다. 그런데 이 말이 무슨 말인지 잘 모른다면 티박스를 잘 활용하지 못하고 있다는 것입니다.

A라는 골퍼는 항상 슬라이스가 납니다. 그 골퍼는 티박스 중앙에서 항상 티샷을 합니다. 그리고 오른쪽으로 OB가 났습니다. 만약 이 골퍼가 티박스의 오른쪽 부분에서 왼쪽을 보고 티샷을 하면 OB가 날 확률이 줄어듭니다.

반대로 티샷 때 왼쪽으로 공이 잘 나가는 골퍼라면 어떻게 해야 할까요? 티박스의 왼쪽 부분에서 오른쪽을 보고 친다면 왼쪽으로 가는 훅 구질이 나와도 OB가 날 확률이 상당히 줄어들겠죠.

또한 티샷에서 코스의 벙커나 OB구역이나 페널티구역을 보고 티박스에서 왼쪽이나 오른쪽을 선택하면 좋습니다. 예를 들어 파3인데 벙커 뒤에 홀이 있다면 벙커가 위치한 그 선상보다는 조금이라도 벙커를 안 넘기는 선상에서 티샷을 하면 좋겠습니다. 파4, 파5에서도 왼쪽이 OB지역이라면 왼쪽 방향에서 티샷을 해줘야 미스샷이 나와도 나쁘지 않은 스코어로 만회할 수 있는 기회가 생깁니다.

이 방법은 프로들은 무조건 사용하는 방법입니다. 티박스에서 무조건 중앙에 서는 것이 아니라는 점을 알아두시면 좋습니다.

티박스의 어느 위치가 스윙에 수월할까?

티박스에서 어드레스를 잡을 때는 먼저 평평하고 좋은 위치를 찾은 다음에 거기에다가 티를 꼽아주는 것이 좋습니다. 티박스는 대부분 평평하지만 모든 골프장의 모든 티박스가 평평하지는 않습니다. 즉 티박스도 경사가 있습니다.

예를 들어 공이 발보다 위에 있으면 왼쪽으로 휘어지는 공이 잘 나옵니다. 또는 티샷하는 방향으로 높은 경사라면 역시 왼쪽으로 휘어지는 공이 잘 나옵니다. 그래서 티박스에서 티를 꼽기 전에 먼저 원하는 위치에서 발로 경사를 느껴본 후 티를 꼽는 것이 좋습니다.

티박스에서 티 꽂는 위치 잡는 법

슬라이스 구질을 가진 골퍼라면 티박스의 오른쪽 편을, 훅 구질을 가진 골퍼라면 티박스의 왼쪽 편을 이용하면 도움이 된다.

티박스 전체에 경사가 있는 경우도 있습니다. 그때는 목표 방향에서 생각보다 조금 더 왼쪽이나 오른쪽으로 봐줘야 합니다.

플레이를 하다 보면 캐디님이 "이 홀은 슬라이스가 잘 나는 홀이니 왼쪽을 보세요"라고 말합니다. 그 반대의 경우도 말하죠. 그런 코스의 티박스는 골퍼들이 어드레스를 서면 타깃 방향보다 오조준이 되는 홀들입니다. 즉 코스는 티박스에서 똑바로 보이지만 사실 오른쪽 방향이나 왼쪽 방향으로 코스가 레이아웃되어 있는 홀입니다. 즉 시각적으로 착시가 나는 홀들입니다.

그런 홀들을 만나면 캐디님의 말을 듣고 코스의 방향을 한번 더 유심히 살펴봐야 합니다. 그렇게 살펴보다 보면 왜 이 홀에서 그런 말을 하는지 알 수 있습니다.

지금까지 말한 다양한 티박스 활용법은 프로나 상급자들은 이미 잘 알고 있는 부분이죠. 여러분들이 만약 프로들과 공을 치는 날이 생기면 프로들의 티박스 활용을 잘 보시면 좋을 듯합니다. 또한 TV의 투어프로대회 중계에서 선수들마다 조금씩 다른 티박스 공략을 잘 살펴봐도 도움이 되실 겁니다.

심짱의 꿀팁!

내 공이 오른쪽과 왼쪽 모두 다 나오는 구질이라면 그날 많이 나오는 구질을 보고 티박스를 선택하면 되겠습니다. 또한 나름 똑바로 날아가는 골퍼라면 골프코스에 따라 티박스를 선택하면 좋겠습니다. 코스마다 왼쪽이나 오른쪽 중 더 위험한 곳이 있는데요, 그 곳을 피하는 티박스 활용을 해야겠습니다. 예를 들어 캐디님이 왼쪽이 위험하다고 알려주는 경우엔, 티박스의 왼쪽편에 티를 꼽아야 오른쪽을 더 볼 수 있어 유리합니다.

남은 거리보다 한 클럽을 더 잡아야 하는 이유가 뭔가요?

아마추어 골퍼는 아이언이 항상 짧다

기억을 더듬어 한번 생각해보기 바랍니다. 골프를 배우고 필드에 나간 이후 파4 홀에서 티샷을 하고, 그린 전의 두 번째 샷이 홀보다 뒤로 넘어간 적이 얼마나 있었나요?

사실 초보 골퍼뿐 아니라 중급자분들도 아마 홀보다 짧았던 경우가 훨씬 많을 것입니다. 미리 정답을 말씀드리자면, 남는 거리보다 항상 한 클럽을 길게 잡는 것이 좋습니다. 즉 7번 아이언을 써야 한다면 6번 아이언을 사용하는 것이죠. 이렇게 하다가 정말로 홀보다 항상 공이 넘어간다면 이제 정확하게 한 클럽을 내려주면 됩니다.

보통 골퍼들은 파4홀을 기준으로 그린 전의 두 번째 샷이 짧은 경우는 당연히 미스샷이 나와서 그렇기도 하지만, 의외로 잘 맞았어도 짧은 경우가 많습니다. 그 이유는 코스에서는 아이언샷은 공이 떨어지면 멈추는 경우가 많기 때문입니다. 보통 7번 아이언 이하는 잘 멈추죠 그리고 골퍼들이 생각하는 비거리가 생각보다 짧을 수도 있습니다. 즉 '난 7번 아이언을 140m 보낸다'고 생각했을 때 그 값이 평균값이기보다는 잘 맞았을 경우의 비거리를 기억하고 있을 수 있습니다.

이런 것들을 생각한다면 코스에서는 생각보다 조금은 더 길게 보는 것이 좋습니다. 최대치로 힘을 짜내서 어쩌다 한번씩 보낸 비거리는 결코 평균 비거리가 아닙니다.

총 비거리보다 캐리 거리를 체크하라

연습할 때는 아이언은 총 비거리보단 공이 떨어지는 캐리 거리를 체크해주면 좋습니다. 만약 7번 아이언이 140m를 간다면 캐리는 얼마나 나오는지를 보고 그 거리를 필드에서 실거리로 계산해 플레이하면 아이언이 짧게 가는 경우가 많이 줄어들 것입니다.

그래서 평상시 연습장에서 연습을 할 때 잘나간 거리를 생각하기보다는 평균적인 거리를 생각해야 합니다. 시뮬레이터 시스템을 이용한다면 평균값의 데이터를 볼 수 있습니다.

또 한 가지 방식은 필드에 나가기 전날에 클럽별 비거리를 모두 체크해 보는 겁니다. 단, 총 비거리를 보지 말고 공이 떨어졌을 때의 비거리. 즉 캐리거리를 체크해야 합니다.

체크하는 방법은 간단합니다. 클럽별로 10번씩 쳐보면 됩니다. 그러면 잘 맞고 안 맞고 할 것이고, 방향성도 다르겠죠. 그 모든 상황을 고려해 평균값을 구해봅니다. 그럼 의외로 정말 짧은 비거리가 나올 것입니다. 내가 만약 7번 아이언이 140m인데 의외로 125m가 나올 수 있습니다. 제일 잘 맞은 경우로 평균 비거리를 계산하면 결코 안 됩니다. 바로 그 거리가 필드에서 봐야 할 거리라고 생각하면 좋습니다. 하지만 일관되게 필드에서 좀더 비거리가 난다면 클럽을 조정해줘야겠지요.

처음에는 모든 아이언클럽의 비거리를 체크해 외워둬야 합니다. 그러다가 필드에 자주 나가다 보면 자연스럽게 나의 거리를 알게 될 겁니다.

심짱의 꿀팁!

특히 아이언의 비거리는 잘 맞았을 경우를 기준으로 해 비거리를 체크할 수 있습니다. 공의 정타율이 적으면 당연히 비거리 측정이 쉽지 않습니다. 그래서 연습을 하실 때도 스윙의 스피드도 중요하지만 정타율이 잘 나오는 스윙을 먼저 만드는데 신경을 많이 써야 합니다. 당연히 모든 골퍼가 그렇게 하고 싶겠죠. 그래서 잘 안 되는 날이라면 똑딱이스윙 같은 작은 스윙을 기반으로 공의 정타를 치는 연습을 하면서 점점 스윙을 크게 해보기 바랍니다.

필드에서는 체중이 오른발에 왜 이렇게 많이 남을까요?

필드에서는 체중이 왼쪽

우리가 알고 있는 골프스윙은 스윙을 한 후 멋지게 피니쉬 자세를 취하는 것입니다. 그때의 피니쉬 자세는 체중이 왼발에 거의 모두 실려 있죠. 그런데 많은 초보 골퍼들은 피니쉬 때 체중이 오른발에 있는, 조금은 웃긴 피니쉬를 어김없이 경험합니다. 그리고 그것을 교정하기 위해 무척이나 많은 노력을 합니다.

여러 가지 골프스윙을 배우다 보면 그중 체중이동이라는 동작에도 많은 신경을 씁니다. 즉 백스윙 시 오른발에 있던 체중이 다운스윙부터 왼발로 가면서 피니쉬 동작에는 체중이 거의 왼발에 있게 해야 합니다. 그래서 연습장에서 이 동작을 많이 연습합니다. 그런데도 신기하게 필드에서는 체중이동이 잘 되지 않습니다. 이렇게 체중이동을 못 하면 미스샷의 원인이 되기도 하지만 무엇보다 스윙이 멋져 보이지 않습니다.

언젠가 심짱과 함께 골프라운드를 한 분들 중 두 분이 스윙을 한 후 체중이 오른발에 남아 있었습니다. 가끔은 잘 치기도 했지만 많은 미스샷을 연발했죠. 사실 그분들도 다운스윙 때 체중이동이 왼쪽으로 잘 안 되는 것을 알았지만 교정이 잘 되지 않았다고 합니다. 심짱이 간단한 레슨을 통해 필드에서 두 분 모두 체중이동을 잘하게 만들어주었습니다.

기술적인 문제보단 다른 데 문제가 있다

보통 체중이동이 안 되시는 분들은 스윙의 기술적인 문제보단 다른 데 원인이 있습니다. 그날 필드를 함께한 두 분을 유심히 살펴보니 연습스윙을 할 때는 체중이동을 너무나 잘 합니다. 하지만 실제 샷을 할 때만 체중이 오른발에 있습니다.

그래서 물어보았습니다. "지금 연습스윙 때는 체중이동이 잘 되고 있는데 샷만 하면 왜 안 되죠?" 그랬더니 맞다고 합니다. 그럼 보통 연습장에서 연습할 때는 어떠했는지 물어보았습니다. 곰곰이 생각하더니 연습장에서도 체중이동을 했다고 합니다.

네, 맞습니다. 연습장에서도 체중을 오른발에 두고 피니쉬를 하는 분들은 거의 없습니다. 즉 필드에만 오면 체중이동이 잘 안 된다는 것입니다. 왜 그럴까요?

답은 간단합니다. 필드에서는 힘이 들어가기 때문입니다. 필드에 나가면 그 환경이 골퍼에게 압박감을 주죠. 뻥 뚫린 필드에서는 똑바로 멀리 쳐야 한다는 압박감이 들 것이고, 내가 조금이라도 실수를 하면 공은 바로 코앞에 떨어진다는 것을 알고 있습니다. 이런 모든 환경이 결과적으로 힘이 들어가게 합니다.

필드에서 하체는 고정되어 있고, 상체의 힘으로만 스윙을 하다 보면 체중이동이 결과적으로 잘 되지 않습니다. 연습스윙을 할 땐 체중이동을 잘 하면서 막상 공을 치면 하체를 고정한 채 상체로 강하게 치게 되는 것이죠. 이것을 기술적으로 풀면 당연히 여러가지 말을 할 수 있습니다. 하지만 이런 것을 기술의 문제를 말하기 전에 집중과 마음의 안정부터 시켜준다면 교정이 가능합니다.

그래서 심짱은 체중이동이 잘 안 되는 두 분에게 연습스윙을 할 땐 체중이동을 잘하고 있는데 실제 샷에서만 안 되고 있다는 것을 말해주고, 연습스윙의 모양에 집중하고 공 앞에서도 공을 의식하기보다 연습스윙의 동작을 의식하면서 샷을 해보라고 했습니다. 이런 말을 듣고 두 분 다 스윙이 좋아졌습니다.

하지만 완벽하게 좋아지진 않았습니다. 그래서 이번엔 연습스윙 때 의식적으로 힘을 더 많이 빼고 체중이동을 왼발로 더 해보라고 했습니다. 그런 다음 그 연습스윙의 느낌으로 공을 쳐보라고 했습니다. 그랬더니 점점 체중이동을 잘하게 되었습니다.

체중이동은 하체가 하는 것이지 상체가 하는 것이 아님을 명심해야 합니다. 하체에서 타깃 방향으로 걸어가듯이 연습스윙도 시켜보고, 샷을 그 느낌대로 해보라고 했습니다. 결과적으로 라운드 내내 체중이동을 아주 잘했고, 무엇보다 비거리가 증가했습니다.

그분들에게 마지막으로 하나를 더 알려줬습니다. 결과적으로 힘을 빼야 하지만, 잘 안 된다면 연습스윙에서 하고자 하는 동작을 더 과하게 해주면 실제 스윙에서는 잘되는 경우가 많다는 것입니다.

심짱의 꿀팁!

사실 앞에서 말한 것처럼 체중이동이 잘 안 되는 경우는 필드에서 잘 일어납니다. 연습스윙 때 절대로 오른발에 체중을 두지 않죠. 연습스윙처럼 상체의 힘을 빼고 하체를 잘 리드해주시기 바랍니다.

필드에서 어디를 봐야 할지 막막한데 어떻게 해야 하나요?

▶ 필드에서의 에이밍 방법
QR코드를 스캔하셔서 동영상 강의를 보신 후에
이 칼럼을 읽으시면 훨씬 이해가 잘됩니다!

어디를 봐야 할지 모르면 안 된다

필드에 나가면 당연히 타깃을 보고 치면 되겠지만, 내가 정말 타깃 방향으로 제대로 서 있는지를 잘 모릅니다. 나는 타깃 방향을 잘 봤다고 생각했는데 항상 주변 사람들이 다른 곳을 보고 있다고 지적합니다.

골프를 할 때는 어드레스를 서고 몸의 측면이 타깃 방향을 향해야 합니다. 그런데 이 부분이 쉽지가 않습니다. 여러 가지 이유가 있습니다. 공을 쳐야 하는데 방향까지 신경 쓸 여유도 없고, 뻥 뚫린 장소에서 저기 멀리 보이는 타깃을 한번에 몸으로 정렬하기란 쉽지 않습니다.

하지만 방향을 서는 것에 대해 이해를 해보고 무엇이 문제인지 찾다 보

에이밍 1단계

공과 깃발에 클럽을 쭉 이은 가상의 라인을 만들고, 공 앞에 있는 어떠한 물체로 중간지점을 잡는다.

에이밍 2단계

중간지점의 물체를 쳐다보고, 그 지점을 기준으로 어드레스를 한다.

에이밍 3단계

만약 중간지점에 물체가 없다면, 가상의 점을 찍어 그곳을 보고 에이밍을 한다.

면 조금씩 나아질 것입니다. 쉽게 생각해 정면으로 서서 손으로 타깃을 가리켜보라고 하면 어느 누구든지 쉽게 할 수 있습니다. 그런데 몸을 옆으로 한 채 손으로 타깃을 가리켜보라고 하면 무언가 어색합니다. 이처럼 골프는 옆으로 서서 타깃을 잡아야 하기 때문에 방향을 잡는 데 어색합니다. 타깃을 잡는 것은 많은 골퍼들이 어려워하는 부분입니다. 이에 많은 연습이 필요합니다.

에이밍, 이렇게 하면 된다

타깃을 잡을 때 제일 많이 쓰는 방식은 공 뒤에 서서 공과 타깃을 클럽으로 가상선을 만든 다음 공 앞의 약 1m 지점에 가상점을 찍는 것입니다.

그리고 그 방향으로 공을 친다고 생각하면 좋습니다. 흔한 방법이지만 이것만큼 좋은 것이 없습니다.

다른 방법으로, 타깃 방향을 바라보면서 정면으로 서서 손에 든 클럽으로 타깃을 가리킬 수 있는 듯이 옆으로 서서 손에 든 클럽 헤드로 타깃을 가리키는 연습을 해도 좋습니다.

여기서 중요한 것이 있습니다. 손과 팔 그리고 몸이 일직선이 되어야 합니다. 그리고 얼라이어먼트는 기차길 같은 것이기 때문에 손에 든 클럽 헤드가 타깃보다 살짝 왼쪽이어야 정렬이 잘된 것입니다.

필드에서는 타깃을 잡는 것이 쉽지 않다는 것을 기억하시고 꾸준한 연습을 하길 바랍니다.

티샷할 때 에이밍을 하는 좋은 방법이 하나 더 있는데요, 골프볼의 라인으로 에이밍을 잡을 수 있습니다. 보통 그린 위에서 퍼팅을 할 때 골프볼의 라인을 홀의 방향으로 맞춰서 놓는데, 티샷을 할 때도 보내고자 하는 타깃 방향으로 골프볼의 라인을 맞춰서 놓으면 에이밍을 하는 데 도움이 됩니다.

심짱의 꿀팁!

보통 초보 골퍼와 필드에 나가보면 처음에 타깃을 보고 난 후 어드레스를 서면 이상하게 방향이 틀렸다고 생각하는지 방향을 슬슬 다른 곳으로 움직이는 경우가 있습니다. 그 이유는 공이 놓아져 있는 경사와 주변의 환경 때문에 나도 모르게 방향을 다른 곳으로 돌리기 때문입니다. 처음에 본 방향이 제일 잘 본 것이라 생각하면서 어드레스를 선 후 방향을 틀지 말고 처음에 봤던 방향으로 치는 게 좋습니다.

그린 읽는 게 너무 어려운데 그린을 잘 읽는 방법이 있나요?

▶ 그린을 읽기 위한 팁

QR코드를 스캔하셔서 동영상 강의를 보신 후에
이 칼럼을 읽으시면 훨씬 이해가 잘됩니다!

낮은 지역을 찾고, 반대편에서도 보자

그린에는 항상 경사가 있습니다. 그런데 초보 시절에는 경사를 잘 보지 못합니다. 당연히 큰 경사는 잘 보이지만 애매한 경우는 잘 보이지 않죠.

보통 캐디님이 놓아주는 대로만 공을 치는데요, 치면서도 이것이 맞는지 틀린지도 모르고 치는 경우가 많습니다. 하지만 골프의 스코어를 좋게 만들기 위해서는 직접 그린의 경사를 골퍼 스스로 잘 볼 수 있어야 합니다.

그린을 잘 보는 대표적인 방식은 시야를 넓게 하는 것입니다. 다음과 같은 방법으로 시야를 넓게 해서 그린을 보면 됩니다.

내 공과 홀의 가상선만 보는 것이 아니라 그린 위에 올라가기 전에 그린

그린 읽는 방법

그린의 제일 낮은 지역에서 보면 그린의 경사가 잘 보인다.

주변의 환경도 봅니다. 그린 주변에 산이 있다면 그쪽이 높을 확률이 높습니다. 또한 그린 전체를 보고 그린에서 제일 높은 곳을 봅니다. 그 높은 곳에서 공은 당연히 내려가겠죠.

제일 낮은 곳도 봅니다. 만약 낮은 곳이 어디인지 모르겠다면 그린 밖에 있는 배수구를 찾습니다. 그곳이 제일 낮은 곳이겠죠.

이런 상상도 해봅니다. '비가 많이 와서 그린위에 빗물이 넘치면 어디로 흘러갈까?' 당연히 높은 곳에서 낮은 곳으로 빗물은 흘러가죠. 그린의 대부분은 페어웨이에서 만나는 그린 초입이 조금 낮고 그린 뒤쪽이 높은 경우가 많습니다.

이 내용들을 그린 위에서 모두 체크하기는 어렵지만, 골프를 오래 하다 보면 자연스럽게 그린 읽기가 됩니다.

일반적으로 그린을 읽는 방법은 그린 위에 본인의 공이 떨어진 곳을 걸어갈 때 전체적으로 그린의 경사를 보고 공 뒤에서 홀 쪽으로 경사를 보는 것입니다. 하지만 이 정도로는 경사를 정확하게 읽을 수 없습니다. 그 반대편인 홀에서 공쪽을 보며 경사를 봐야 합니다.

만약 시간이 없어 이런 모든 행동을 하기 어렵다면 빠르게 경사를 읽은 다음 내가 생각한 경사와 캐디님이 놓아준 공의 방향을 확인해보면 됩니다. 만약 캐디님과 다르다면 일단 캐디님이 놓아준 경사로 퍼팅을 하되, 왜 그렇게 캐디님이 놓았는지를 한 번 더 경사를 보면서 생각해보면 좋습니다.

공부하는 마음으로 경사를 읽자

심짱은 그린 위에서 경사를 빠르게 읽고, 홀의 타깃 방향을 정합니다. 그리고 홀의 왼쪽이든 오른쪽이든 타깃 쪽으로 힘을 조절해서 퍼팅을 합니다. 중요한 건 '그 방향으로 갔는지'입니다. 만약 그린을 틀리게 읽어 홀에 들어가지 않았다면, 다시 홀을 보고 서서 왜 경사가 굴곡이 없었는지를 눈으로 공부를 합니다.

그래도 모르겠다면 캐디님에게 물어봅니다. "이쪽이 아니었네요?" 그럼 캐디님이 그 상황에 대해 설명을 해줍니다. 골프장에 갈 때마다 그린 위에서는 공부하는 마음으로 퍼팅을 해준다면 퍼팅 실력이 많이 늘어날 것입니다. 그린의 경사에 대해 항상 공부하는 마음이 필요합니다.

심짱이 뉴질랜드에서 골프를 할 때 그곳에는 캐디님이 없었습니다. 그래서 골퍼가 직접 그린의 경사를 봐야 하죠. 이렇게 스스로 그린을 읽고 판단해 퍼팅을 하면 퍼팅 실력이 많이 늘어납니다. 그래서 심짱은 퍼팅을 잘한다는 소리를 듣는 편인데요, 여러분들도 그린에서 그린 읽기를 혼자 해보기 바랍니다. 그러면 1년 뒤 퍼팅 실력이 아주 많이 늘어나 있을 것입니다.

심짱의 꿀팁!

프로들의 경기를 보면 경사를 틀리게 읽어서 퍼팅을 놓치는 장면이 많이 나옵니다. 즉 경사 읽기는 프로들에게도 무척 어렵다는 것이지요. 처음부터 경사를 잘 읽는 것은 아니기에 골프장을 갈 때마다 직접 경사를 읽는 연습을 하는 것이 좋습니다. 물론 그 전에 우리는 퍼팅을 똑바로 보내는 연습을 먼저 해야 합니다. 그래야 본 곳을 정확하게 칠 수 있겠죠.

롱퍼팅이 항상 짧은데 어떻게 하면 거리가 맞나요?

▶ 롱퍼팅 잘하는 연습법
QR코드를 스캔하셔서 동영상 강의를 보신 후에
이 칼럼을 읽으시면 훨씬 이해가 잘됩니다!

롱퍼팅이 늘 불안한 주말 골퍼들

많은 일반 골퍼들과 라운드를 해보면 롱 퍼팅이 항상 짧습니다. 특히 초보 골퍼일수록 더 확실하게 그런 모습을 많이 보입니다.

이유는 개인마다 다르겠지만, 제 생각에는 그린 위에서 롱퍼팅 감각이 없는 것이겠죠. 예를 들어 약 20m 정도가 남았다면 얼마나 쳐야 20m가 갈지 모릅니다. 그리고 그 긴 거리의 굴곡 역시 계산해야 하므로 더욱더 어려운 부분이 있습니다.

롱퍼팅을 잘 못하면 3퍼팅을 하는 경우가 많습니다. 반면에 롱퍼팅을 잘해서 홀에 붙이면 2퍼팅으로 마무리할 수 있죠. 롱퍼팅을 어떻게 하는지에 따라 1타 차이가 쉽게 오갑니다.

퍼팅은 짧으면 홀에 들어갈 확률이 0% 입니다. '무조건 지나가게 퍼팅을 해야 한다'는 생각을 가져야 합니다.

롱퍼팅, 이렇게 연습하면 된다

무엇보다 롱퍼팅을 잘 할 수 있는 연습이 필요합니다. 퍼터를 잡고 큰 스윙을 연습해줘야 하는데요, 크기가 동일하고 스윙스피드도 동일한 연습을 반복해주면 좋습니다.

예를 들어 발을 벌려 자세를 잡고 백스윙을 오른발 밖까지 하고 임팩트 후 왼발 밖까지 같은 스윙템포로 해줍니다. 공을 치면서 연습하면 제일 좋지만, 롱퍼팅을 연습할 수 있는 곳이 한정적이기 때문에 연습이 가능한 곳이 있다면 무조건 연습을 해주시기 바랍니다.

공을 5개 정도 놓고 크기와 템포에 집중해 퍼팅을 하되 공이 가는 방향은 쳐다보지 말고 아래만 계속 보면서 공 5개를 모두 쳐줍니다. 이후 공들이 모두 모여 있다면 연습이 잘 된 것입니다. 기본적으로 거리는 10m 거리로 맞춰주는 것이 좋습니다. 능력이 된다면 10m 구간의 롱퍼팅을 만들고, 20m 구간을 만들어주면 좋습니다.

골프장에 간다면 연습그린에서 평상시 연습하던 크기로 롱퍼팅을 해보고 발걸음으로 거리를 잰 다음 이 골프장의 평균 롱퍼팅 거리를 확인하면 좋습니다.

롱퍼팅이 일정하게 안 나온다면 작은 거리부터 시작해보세요. 3m부터 시작해 공5개를 모두 동일한 거리에 맞추고, 그것이 잘됐다면 5m, 7m, 10m… 이런 식으로 거리를 올려서 해보기 바랍니다. 그리고 집에서는 이렇게 퍼팅 거리 연습을 못한다면 스윙의 크기만 동일하게 만드는 것도 좋은 방법입니다.

심짱의 꿀팁!

심짱의 경험으로 볼 때 많은 골퍼들은 롱퍼팅에서 짧게 치고 숏퍼팅에서 길게 치는 경우가 많았습니다. 특히 초보 골퍼일수록 대부분 롱퍼팅을 짧게 하더군요. 여러분들은 그 반대로 해 보시길 바랍니다. 롱퍼팅이라고 할 때 흔히 10m 이상인데요, 그런 거리라면 무조건 홀을 지나가게 친다는 마음으로 롱퍼팅을 해보기 바랍니다. 심지어 지나간 퍼팅은 다음 숏퍼팅을 할 때 경사를 더 쉽게 예측할 수 있답니다.

경사 퍼팅을 멋지게 붙이려면 어떻게 해야 하나요?

경사 퍼팅은 항상 휘어진 곳 아래로 간다

퍼팅을 잘하는 방법 중 하나는 경사를 잘 보는 것입니다. 경사를 잘 이해하고 퍼팅을 해야 하는데요, 많은 골퍼들은 경사가 있는 곳에서는 홀에 한 번에 못 넣는 경우가 많고, 예상되는 실수를 하는 경우가 많습니다.

예를 들어 3m 정도 오른쪽으로 휘어지는 슬라이스 경사가 있습니다. 이 경사에서 홀에 넣으려면 목표 방향은 왼쪽이어야 합니다. 당연한 원리지만 그린 경사에 대한 경험이 부족한 골퍼들은 처음에는 왼쪽으로 보지만 시선은 홀을 보기 때문에 결과적으로 왼쪽 타깃 쪽보다는 홀 쪽으로 공을 치게 됩니다.

그래서 경사가 있는 곳에서는 홀보다는 경사가 휘어지는 쪽을 타깃으로 공을 쳐야 합니다. 무엇보다 홀에서 들어갈 방향을 선택하고, 그 다음 얼마만큼 경사를 볼 것인지를 정하면 좋습니다.

중요한 것은 거리 계산이다

중요한 것은 거리 계산입니다. 롱퍼팅의 경사는 대부분 평지로 시작해, 그 다음에 오르막 경사와 내리막 경사가 있습니다. 이때 거리를 계산하는 것이 더 중요합니다.

보통 투어프로들의 대회경기를 보면 공과 홀의 중간 지점에서 거리와

롱퍼팅에서의 거리 계산

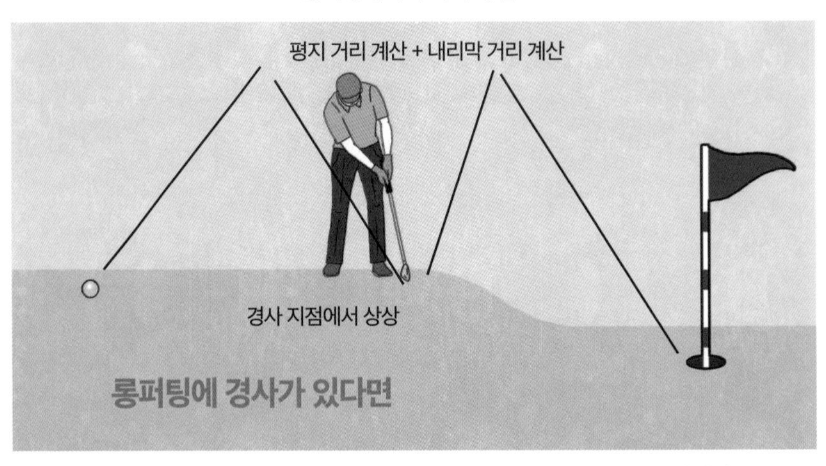

경사가 있는 롱퍼팅의 경우, 평지의 거리와 경사지역의 거리를 분리해 계산하면 도움이 된다.

경사를 봅니다. 보통은 휘어질 것 같은 지점에 서서 거리와 경사를 보는데요, 이것을 브레이크포인트라 합니다. 이 지점을 나누어 계산하면 좋습니다. 즉 휘어질 것 같은 브레이크포인트에서 공까지의 거리, 그리고 브레이크포인트에서 홀까지의 거리를 분리해서 계산을 해야 합니다. 그리고 그 지점에서 상상을 하며 퍼팅의 크기 연습을 하거나 얼마나 부드럽게 또는 강하게 칠 것인가를 상상하고 연습하면 좋습니다.

오르막 경사, 내리막 경사도 마찬가지입니다. 평지에서 오르막이 시작되는 거리의 스트로크를 상상해보고, 오르막이 시작되는 지점에서 얼마나 치면 이 경사를 올라갈 수 있는지 생각해봅니다. 이 2가지를 함께 고려해보면 경사에 대한 거리감도 맞출 수 있답니다.

퍼팅은 거리감과 경사를 잘 보는 것이 중요합니다. 그래서 심짱은 비싼 골프장보다는 저렴하게 퍼팅을 연습할 수 있는 파3 골프장에 다니는 것을 추천합니다.

심짱의 꿀팁!

경사도 오르막과 내리막이 있습니다. 오르막은 조금은 때리는 느낌의 퍼팅을 하시고, 내리막은 부드럽게 공을 굴려주는 퍼팅을 해주셔야 합니다. 그리고 사이드 경사는 생각한 것보다 항상 더 봐주고 어드레스를 해주시기 바랍니다. 퍼팅은 상상을 잘해야 합니다. 그린 위에 올라갔을 때 풍부하게 상상해보기 바랍니다.

코스공략을 잘해야 한다는데 어떻게 하는 건가요?

코스공략을 알면 10타는 줄인다

필드에 나가면 중요한 것이 스코어를 줄이는 것입니다. 스코어를 줄이려면 골프스윙, 어프로치, 퍼팅 등 모든 분야에서 잘 해야 합니다. 그리고 코스공략을 잘해야 합니다. 코스공략이란 매 홀마다 티샷은 어떤 클럽을 사용할 것인지 결정하고, 그린에 꽂힌 깃발이 어디에 위치하는지에 따라 샷의 방식을 선택하는 것입니다.

보통 투어프로들의 대회를 보면 선수들이 티샷에서 드라이버를 모든 홀에서 다 치진 않습니다. 바로 이것이 코스공략 중 하나입니다. 페어웨이가 좁아 조금만 벗어나면 페널티구역으로 갈 수 있거나 긴 러프나 벙커가 많은

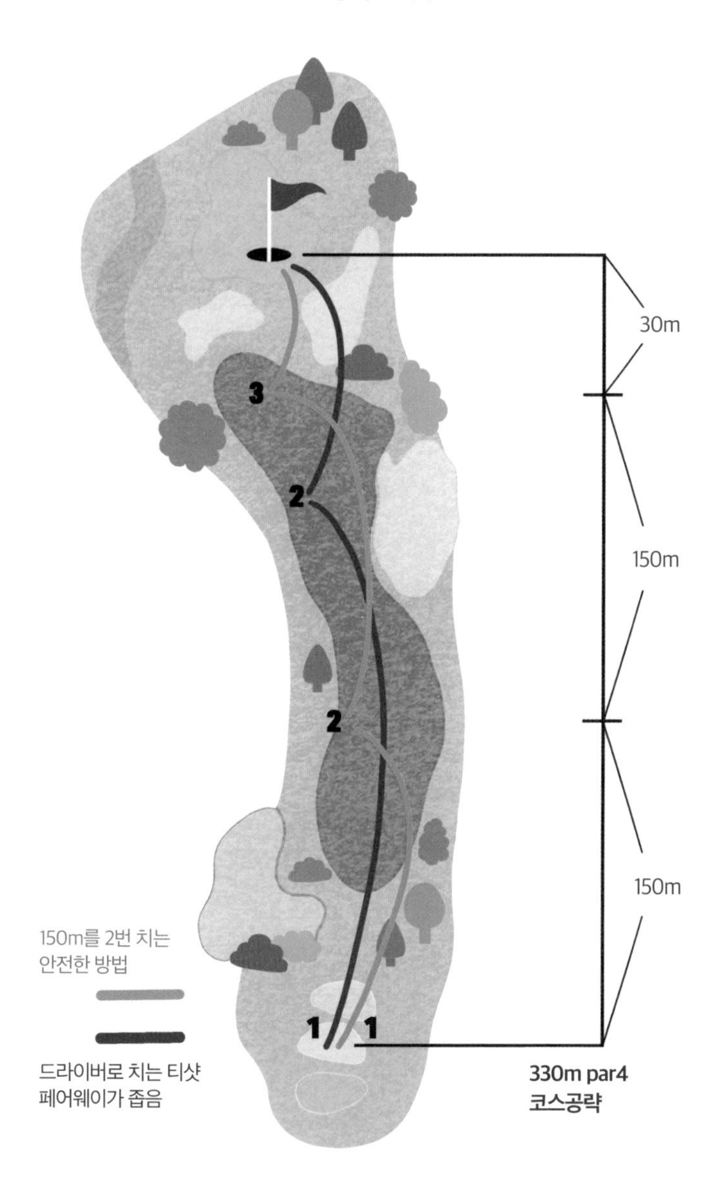
코스공략 노하우
30m
150m
150m
3
2
2
1
1
150m를 2번 치는
안전한 방법
드라이버로 치는 티샷
페어웨이가 좁음
330m par4
코스공략

곳이라면 티샷에서는 드라이버를 사용하지 않습니다. 드라이버에 비해 비거리가 짧아도 우드클럽이나 아이언으로 티샷을 하죠. 그래야 두 번째 샷에서 공을 잘 칠 수 있는 상황을 만들 수 있습니다.

프로들도 드라이버를 쳐서 항상 페어웨이에 공을 올리지는 못합니다. 여러분들도 마찬가지로 코스가 좁거나 위험요소가 많다면 드라이버보다는 페어웨이에 안착할 수 있는 클럽으로 티샷을 해야 합니다. 그것이 7번 아이언이라고 해도 괜찮습니다.

예를 들어 330m 정도의 파4가 있다고 생각해봅니다. 이 정도 길이면 평균적인 파4 거리입니다. 만약 티샷에서 150m를 치고 다음 샷에서 150m를 치면 남은 거리는 30m입니다. 30m를 잘 쳐서 홀에 붙이면 파이고, 못 붙여서 2번의 퍼팅을 했다면 보기입니다.

드라이버를 이용해 똑바로 멀리 칠 수 있다면 당연히 드라이버를 사용하라고 할 것입니다. 하지만 프로들도 드라이버로 좁은 페어웨이에 보내는 것을 어려워한다는 점을 기억해주시기 바랍니다.

여러분들이 슬라이스가 고민이라면 티샷에서 좀더 자신 있는 클럽을 사용해도 좋습니다. 그래서 파4라면 3온1퍼팅을 하겠다고 생각한다면 플레이가 더 수월하게 갈 것입니다. 이 마음으로 골프를 한다면 드라이버 샷에서도 과도하게 힘을 주고 치지 않을 수 있습니다.

드라이버로 180m만 친다고 생각한다면 벗어나는 게 줄어들 것이고, 그 다음 샷에서 지나치게 온그린을 한다는 마음보다는 그린 근처로 보낸다는 마음으로 편하게 친다면 의외로 온그린이 잘 될 수 있습니다.

코스의 형태나 그린 위치도 감안하자

그린 위에 있는 홀의 위치나 페어웨이 경사에 따라서도 티샷을 왼쪽으로 칠 것인지, 오른쪽으로 칠 것인지도 중요합니다. 가끔 골프장에 가면 캐디님들이 "이번 홀에는 왼쪽보다는 오른쪽으로 치는 것이 좋습니다"라고 말합니다. 그 이야기를 하는 건 코스의 형태나 또는 그린의 위치 때문입니다.

드로우(Draw)
훅처럼 심하진 않으나 오른쪽에서 왼쪽으로 가볍게 휘는 샷

사실 치고자 하는 위치에 바로 보낼 수 있을 정도면 상급자이겠지요. 코스공략을 모르고서 상급자가 될 수는 없답니다. 코스공략은 이외에도 그린 위의 홀 위치 등 여러 가지가 있지만, 지금은 티샷에서만 코스공략에 신경을 써서 공을 친다면 스코어는 분명 줄어들 것입니다.

심짱의 꿀팁!

사실 코스공략을 하기 위해서는 샷을 자유롭게 칠 수 있어야 하겠죠. 페어웨이 왼쪽이든 오른쪽이든 보내고 싶은 곳에 보내야 하는데요, 이것이 결코 쉽지 않습니다. 그래서 스윙을 배우실 때 드로우* 구질과 페이드 구질을 배워두시면 좋습니다. 사실 골퍼들은 똑바로 가는 공만 원하지만 사실 이런 구질을 칠 수 있어야 코스공략을 더 수월하게 할 수 있답니다. 결국 코스공략도 스윙이 먼저 되어야 가능한 것이죠.

벙커에 들어갈까봐 무서운데 벙커 탈출은 어떻게 하나요?

▶ 벙커 탈출을 위해 중요한 것

QR코드를 스캔하셔서 동영상 강의를 보신 후에
이 칼럼을 읽으시면 훨씬 이해가 잘됩니다!

벙커에 공이 들어가면 일단 큰 한숨부터 쉬게 됩니다. 이것은 상급자나 프로도 마찬가지입니다. 벙커에서는 조금만 실수해도 큰 미스샷이 나오게 되기 때문입니다.

벙커샷*의 기술적인 부분은 미디어레슨에서 수없이 들었을 것이고, 찾아보면 벙커샷의 스윙방식을 쉽게 알 수 있습니다. 그런데 이상하게 벙커샷만큼은 쉽게 되지 않는 것을 알 수 있습니다.

벙커샷은 페어웨이벙커샷과 그린 주변 벙커샷으로 나누어집니다. 각각의 공략법이 다르니 잘 유념하시기 바랍니다.

벙커샷(Bunker shot)

벙커 안에 떨어진 공을 그린이나 페어웨이로 쳐내는 것

페어웨이벙커샷은 타핑을 낸다

먼저 페어웨이벙커에 들어갔다면 아직 긴 거리가 남아 있습니다. 벙커샷은 확률적인 부분을 생각해야 합니다. 벙커에서 최악의 실수는 큰 뒷땅으로 공이 멀리 가지 않는 것입니다.

그럼 페어웨이벙커에서는 큰 뒷땅만 나지 않으면 됩니다. 하지만 그렇게 하고 싶어도 못하는 경우가 있죠. 그래서 벙커샷을 할 때는 타핑을 치겠다는 마음으로 쳐주셔야 합니다. '만약 내가 실수를 하더라도 뒷땅은 나지 말아야 한다'라고 생각하는 겁니다.

타핑을 정확하게 쳤다면 공은 멀리 갈 것입니다. 그리고 계속 벙커샷이 타핑만 나온다면 실력자입니다. 그럼 그때는 공만 치시면 됩니다.

벙커스윙은 조금은 특별해 보이지만 사실 골프에서 트러블샷*의 원리는 거의 다 같습니다. 조금 다른 것은 모래 위에서 스윙 시 발이 미끄러지지 않게 발을 조금 묻어놓고 샷을 하는데요, 체중은 왼쪽발에 둬 과도한 움직임을 없게 해야 합니다. 그리고 스윙은 작은 스윙입니다. 그렇기 때문에 거리보다 한 클럽이나 두 클럽 정도를 더 잡고 스윙을 해야 합니다.

페어웨이벙커는 남은 거리를 생각한 클럽을 선택하기 전에 공 앞에 벙커턱이 얼마인지를 확인한 후 그 높이를 빠져나갈 수 있는 클럽을 선택하는 것이 우선입니다. 만약 벙커턱이 높지 않다면 비거리에 따른 클럽을 선택해주면 됩니다.

트러블샷(Trouble shot)

샷을 하기 어려운 상황에서 하는 샷. 스윙하기 어려운 장소, 샷을 하기 어려운 공의 라이, 타구 방향에 장애물이 있을 때 하는 샷을 말함

그린 주변 벙커샷은 뒷땅을 낸다

그린 주변 벙커샷은 알지만 안 되는 경우가 있습니다. 확실히 기술과 함께 정확성이 필요한 것이 맞습니다.

그린 주변 벙커는 그리 긴 거리가 아닌 약 5m~20m 정도의 거리입니다. 그러하기에 조금은 색다른 타법이 있는데요, 먼저 타깃보다 약간 왼쪽을 보는데요 거리마다 다르겠지만 1~2m 정도만 왼쪽을 봐주세요. 그리고 발 스텐스는 평균보다 조금 넓게 벌려 주시는데, 모래에 밀리지 않게 발을 파묻어줍니다. 그리고 무릎을 살짝 굽히고 클럽을 오픈해주면서 조금 짧게 잡아줍니다.

이 상태에서 공의 약 5~10cm의 뒷땅을 쳐주면서 공이 모래와 함께 날아가게 해야 합니다. 탁구공이 물 위에 떠 있는데 그 공을 손바닥으로 저 멀리 끝까지 쭉 밀어서 보내준다는 느낌으로 샷을 해야 합니다.

대부분의 골퍼들은 그린 주변 벙커샷을 어려워합니다. 공이 빠져나가지 않은 경우가 많고, 그래서 공만 치다 보면 타핑도 나죠. 그린 주변 벙커에서는 무조건 뒷땅을 친다는 마음으로 스윙해야 합니다. 타핑을 치면 큰 미스가 나온다는 걸 반드시 명심하시기 바랍니다.

단, 뒷땅을 치라고 해서 땅을 크게 치면 안됩니다. 최대한 얇게 모래를 걷어내는 방식으로 뒷땅을 쳐보시기 바랍니다. 모래 위에 지폐 한 장을 놓고 그 위에 공을 올려놓았는데, 그 지폐 한 장을 걷어내는 느낌으로 쳐보시기 바랍니다.

셋업(Set up)

공을 치기 위해 자세를 잡는 어드레스 동작

벙커에서의 셋업* 자세(정면)

벙커샷은 공은 왼발 쪽에 있게 하며, 체중은 왼발에 60% 이상 실리게 한다.

벙커에서의 셋업 자세(측면)

자세를 낮게 하고 손도 낮게 하면 공의 높은 탄도가 잘 나온다.

심짱의 유튜브를 보면 심짱이 벙커샷을 잘하는 모습이 많이 나오죠. 하지만 항상 잘하지는 않는데요, 만약 잘 안 될 때는 전 '2배 법칙'을 씁니다. 그냥 벙커에서 어프로치를 한다는 마음인데요, 10m 거리가 남았으면 20m를 칩니다. 일반 벙커샷처럼 하지 않고 공을 먼저 치는 어프로치 방법입니다. 이 2배 법칙이 의외로 거리가 잘 맞는 편인데, 정말로 20m가 나갔다면 굿샷인 것이죠. 사실 거리는 안 맞을 수 있어도 탈출은 원활하게 됩니다.

심짱의 꿀팁!

벙커샷을 할 때 공 뒷부분의 약 5~10cm 뒤를 쳐야 하죠. 그런데 사실은 그 이상 뒤를 쳐도 공은 빠져 나갑니다. 단, 스핀이 덜 걸리는 경우는 있습니다. 즉 벙커를 탈출하려면 공 뒤 몇 센티를 치는 것보다 스윙의 가속을 하는 것이 제일 중요합니다. 공을 친 후 팔로우스루까지 힘있게 가속을 넣어줘야 벙커를 손쉽게 탈출할 수 있답니다.

필드에 평평한 곳이 별로 없는데 어떻게 스윙해야 하나요?

▶ 필드의 경사에서 스윙하는 법
QR코드를 스캔하셔서 동영상 강의를 보신 후에
이 칼럼을 읽으시면 훨씬 이해가 잘됩니다!

내 공은 평평한 곳에 거의 없다

"골프연습장에서는 공이 잘 맞는데 왜 골프장에만 가면 공이 안 맞는지 모르겠다"는 말을 많이 합니다. 여러 가지 이유가 있겠지만 중요한 이유는 필드엔 평평한 곳이 그렇게 많지 않기 때문입니다.

우리가 연습을 할 때는 바닥이 평평한 곳에서 정석적인 스윙만 하지, 굴곡이 있는 바닥에서는 연습을 하지 않습니다. 하지만 골프장은 첫 티샷을 하는 티잉그라운드만 빼고 거의 평평한 곳이 없다고 생각하면 좋습니다. 그래서 우리는 경사가 있는 곳에서 스윙을 하는 것을 늘 생각해야 합니다.

경사가 있는 곳에서 샷하는 미디어레슨을 보면 하체는 고정하고 상체

경사지에서의 스윙(볼이 발보다 아래인 경우)

업라이트한 백스윙을 하면서 찍어주는 느낌으로 샷을 한다.

경사지에서의 스윙(볼이 발보다 위인 경우)

플렛한 백스윙을 하면서 공의 윗부분을 치는 느낌으로 샷을 한다.

위주의 스윙을 알려줍니다. 기회가 된다면 동영상으로 경사가 있는 곳에서 스윙하는 방법을 보시면 좋습니다.

하지만 연습장에서는 경사가 없으니 연습을 할 수는 없겠지만 비슷한 원리를 이용해 연습을 할 수는 있습니다. 핵심은 하체를 고정하고 상체로 스윙하되, 스윙을 크게 하지 않는 것입니다.

이렇게 스윙을 하면 연습장의 평평한 곳에서는 왼쪽으로 가는 경우가 많아질 것입니다. 그것을 생각해서 오른쪽 방향을 보고 쳐도 좋고, 아니면 클럽 페이스를 조금만 오픈해서 치는 것도 좋습니다. 우리는 이것을 컨트롤 샷이라고 하는데요, 필요한 샷이기 때문에 연습을 해두는 것이 좋습니다.

볼이 발보다 위에 있는 경우

페어웨이 경사에서 볼이 발보다 위에 있는 경우가 있습니다. 볼이 발보다 위에 있으면 공은 왼쪽으로 날아갑니다. 임팩트 순간 클럽 페이스가 잘 닫혀지기 때문에 왼쪽으로 갑니다. 그리고 볼이 발보다 위에 있기에 뒷땅이 잘 납니다.

다음의 2가지만 잘 기억하고 스윙을 하면 되는데요, 왼쪽으로 가기 때문에 오른쪽을 보고 에이밍을 해줘야 하고, 연습스윙 때부터 좀더 공의 윗부분을 맞추겠다는 마음으로 스윙을 가로 방향으로 많이 눕혀서 해주고, 공의 윗부분을 보고 쓸어친다는 마음으로 샷을 해야 합니다. 너무 복잡하게 생각하지 마시고 '볼이 발보다 높으면 오른쪽을 보고 공의 윗부분을 친다'라고 간단하게 생각해주세요.

볼이 발보다 아래에 있는 경우

볼이 발보다 아래에 있는 경우는 앞에서 말한 것과 반대로 공이 갑니다. 공은 오른쪽으로 날아가고, 미스샷은 공의 위부분을 맞추는 타핑이 잘 일어납니다.

그렇다면 에이밍은 왼쪽으로 보고 타핑이 날 것을 생각해서 공의 더 아래방향을 보면서 좀더 찍어치는 스윙을 해야 합니다.

볼이 발보다 아래에 있을 때 샷을 하면 공이 왼쪽으로 가는 경우도 있습니다. 그 이유는 경사가 있기 때문에 하체를 너무 고정하고 샷을 하다 보면 볼이 왼쪽으로 가기 때문입니다. 만약 볼이 발보다 아래인데도 왼쪽으로 간다면 하체를 움직이는 스윙을 해야 합니다.

볼이 타깃 방향으로 오르막인 경우

골프공이 타깃 방향의 오르막에 있는 경우는 공이 왼쪽으로 가고 뒷땅이 날 확률이 높습니다. 왜냐하면 타깃 방향이 높기 때문에 체중이동이 잘 되지 않기 때문이죠.

이런 경우에는 타깃보다 오른쪽으로 에이밍을 하고, 과도한 체중이동을 하지 않고, 그냥 체중을 왼발에 두는 것이 좋습니다. 경사가 있는 곳에서는 항상 하체는 고정하고 작은 스윙을 해줘야 합니다. 여기서 하나 더 추가하면, 오르막의 높이에 따라 한 클럽에서 두 클럽을 더 잡고 쳐야 합니다.

볼이 타깃 방향으로 내리막인 경우

타깃 방향으로 내리막인 경우는 공이 오른쪽으로 잘 가고, 공의 윗부분에 맞는 타핑이 잘 납니다. 개인적으로는 내리막에서의 스윙이 제일 어렵습니다.

타깃은 왼쪽으로 보고 스윙은 타핑이 나지 않게 내리막 경사대로 스윙을 하는 것이 중요합니다. 이 내리막 경사대로 스윙을 하다 보면 체중이 왼쪽으로 너무 가게 되어 중심을 잡아야 하는 경우가 많습니다. 그리고 낮은 탄도로 가기 때문에 앞에 장애물이 있으면 더 신경이 쓰입니다.

클럽은 내리막이기 때문에 한 클럽 작게 잡아줘도 좋고, 스윙의 크기에 따라 본인의 거리대로 클럽을 잡아도 좋습니다.

또한 모든 경사가 안 좋을 때는 볼의 포지션은 중앙이나 살짝 오른발 쪽이 좋습니다. 일단은 공을 맞추는 것이 중요하기 때문이죠.

경사에서의 스윙은 필드에서의 경험이 반드시 필요합니다. 경사에 있는 공을 쳤을 때 얼마나 공이 휘어지는지 보고 개인별로 타깃 방향을 정해야 합니다.

심짱의 꿀팁!

코스 내에서는 너무 스윙 관련 기술에 대해 생각하지 말고 단순하게 생각해 샷을 해야 합니다. 그리고 필드에 나가지 않고서는 경사에서 샷을 할 수 있는 방법이 없기 때문에 연습장에서 비슷한 느낌으로 하체를 고정하고 작은 스윙으로 샷을 하는 것을 연습해주면 좋습니다.

나만의 루틴을 가지면 공이 잘 맞게 되나요?

▶ 스윙을 좋게 만드는 프리샷루틴
QR코드를 스캔하셔서 동영상 강의를 보신 후에
이 칼럼을 읽으시면 훨씬 이해가 잘됩니다!

프리샷루틴이 골프에서 필요한 이유

골프에서 중요한 것은 공을 잘 치는 것이죠. 그래서 우리는 공을 치기 전에 타깃을 보고 공이 놓여져 있는 상황 등을 생각하면서 구사하고자 하는 스윙을 빈스윙으로 연습하고 집중을 합니다.

이런 공을 치기 전의 행동을 프리샷루틴*이라 합니다. 우리가 필드에서 꼭 하는 행동들입니다. 그런데 연습장에서는 이런 루틴을 하지 않습니다. 바닥에서 자동으로 올라오는 공을 치기에 바쁘죠.

프리샷루틴 (Preshot routin)
샷을 하기 전의 일련의 동작들. 핸디가 낮은 골퍼일수록 스윙 전의 루틴이 일정함

스윙폼을 연습하는 것이니 당연히 스윙만 하지만, 프로들의 연습을 보면 확연히 다릅니다. 프로들은 연습장에서는 공을 몇 번 친 후 뒤로 물러나 타깃을 보고, 하고자 하는 스윙을 연습한 후 공을 칩니다. 그 루틴을 비슷하게 하는 행동을 연습 때 자주 해줍니다.

제 주변의 프로들은 스크린골프를 할 때도 뒤에서 보고 타석으로 들어가기도 하죠. 사실 스크린골프라 타석의 정렬대로 어드레스를 하면 되는 것인데, 그래도 이런 루틴적인 행동을 합니다.

많은 골퍼들이 연습은 잘 되는데 필드에만 나가면 공이 안 맞는다고 합니다. 여러 가지 이유 중 하나는 바로 이런 루틴을 하지 않아서입니다.

필드 약속이 잡혔다면 필드의 루틴을 연습장에서 똑같이 해보기 바랍니다. 한샷 한샷의 중요함을 느끼면서 필드처럼 루틴을 해 공을 치면 필드와 연습장의 차이가 점점 사라질 것입니다.

가짜스윙은 과장되게 한다

루틴도 여러 가지가 있습니다. 어떤 분들은 연습스윙 없이 그냥 공을 칩니다. 필드에서 공 앞에 서자마자 그냥 공을 치는 것이죠. 제가 그 분들에게 물어보니 다양한 답변이 있었습니다. 연습스윙을 하든 안 하든 똑같기 때문에 연습없이 친다는 분도 있었고, 골프장에서 빨리 치라고 해서 처음부터 빨리 치느라고 연습스윙 없이 했다가 그게 습관이 되어 계속 그렇게 한다는 분도 있었습니다.

하지만 실력이 더 늘어나기 위해서는 바람의 방향, 공이 놓아진 경사 등을 봐야 하는 신중함이 필요하고, 또한 상황마다 다양한 샷을 치기 위해서는 연습스윙은 불가피합니다. 그래서 언젠가는 연습스윙을 하는 나만의 루틴이 생길 것입니다.

투어프로들의 루틴 중에서는 본인이 구사하고자 하는 연습스윙을 하고 공을 치는 경우도 있습니다. 일명 가짜스윙과 진짜스윙이라고 합니다. 가짜스윙은 연습스윙으로 조금 과장되게 해 '느낌은 이런 느낌이다'라는 동작을 합니다. 이런 동작은 선수마다 다릅니다. 어떤 선수는 아웃-인 궤도를 하겠다면서 아주 과하게 아웃-인 스윙을 합니다. 과하게 인-아웃 궤도를 하는 선수도 있고, 어떤 선수는 클럽을 몸 앞에 두기 위한 모션을 합니다.

이런 다양한 루틴을 하고 공을 치면 실제로는 그냥 일반적인 스윙으로 보입니다. 하지만 프로선수들은 본인의 스윙 관련 문제를 잘 알기 때문에 아주 과하게 동작을 하고 공을 치는 것이죠.

여러분들도 어떤 스윙의 문제가 있다면 그것을 교정하는 동작을 과하게 하고 공을 쳐보세요. 그러면 진짜 스윙에서는 조금이나마 교정되면서 결과적으로 좋은 스윙으로 공을 칠 수 있게 될 것입니다.

심짱의 꿀팁!

루틴은 대표적으로 본인에게 도움이 되는 동작을 하는 것입니다. 그러기에 본인의 스윙 문제를 잘 알고 있어야 합니다. 초보 골퍼 시절에는 힘을 빼는 데 도움이 되는 루틴동작을 하고, 골프를 조금 한 후 자신의 고질적인 스윙의 문제를 알게 되었다면 공을 치기 전에 그 동작을 교정하는 루틴을 하고 공을 친다면 확실히 도움이 될 것입니다.

심짱은 20년간 골프를 해오고 12년간 유튜브의 다양한 콘텐츠를 위해 투어프로부터 아마고수들, 그리고 장타선수들까지 다양한 골퍼들을 만나보았습니다. 많은 골퍼들을 만나면서 그분들이 골프를 잘하는 요인을 찾았고, 그것을 심짱도 하기 위해 많은 노력을 해봤습니다. 그 과정에서 내가 할 수 있는 스윙을 알게 되었고, 해도 안 되는 것들을 알게 되었습니다. 또한 주변의 일반 골퍼들도 더 좋은 실력을 만들기 위해 다양한 노력을 했지만 아무리 해도 안 되는 것들도 보았습니다. 그런 경험을 통해 각자의 레벨에서 가능한 범위를 보게 되었고, 진정 우리가 신경 써야 하는 것들이 무엇인지도 알게 되었습니다. 제 경험이 여러분들에게 도움이 되었으면 합니다.

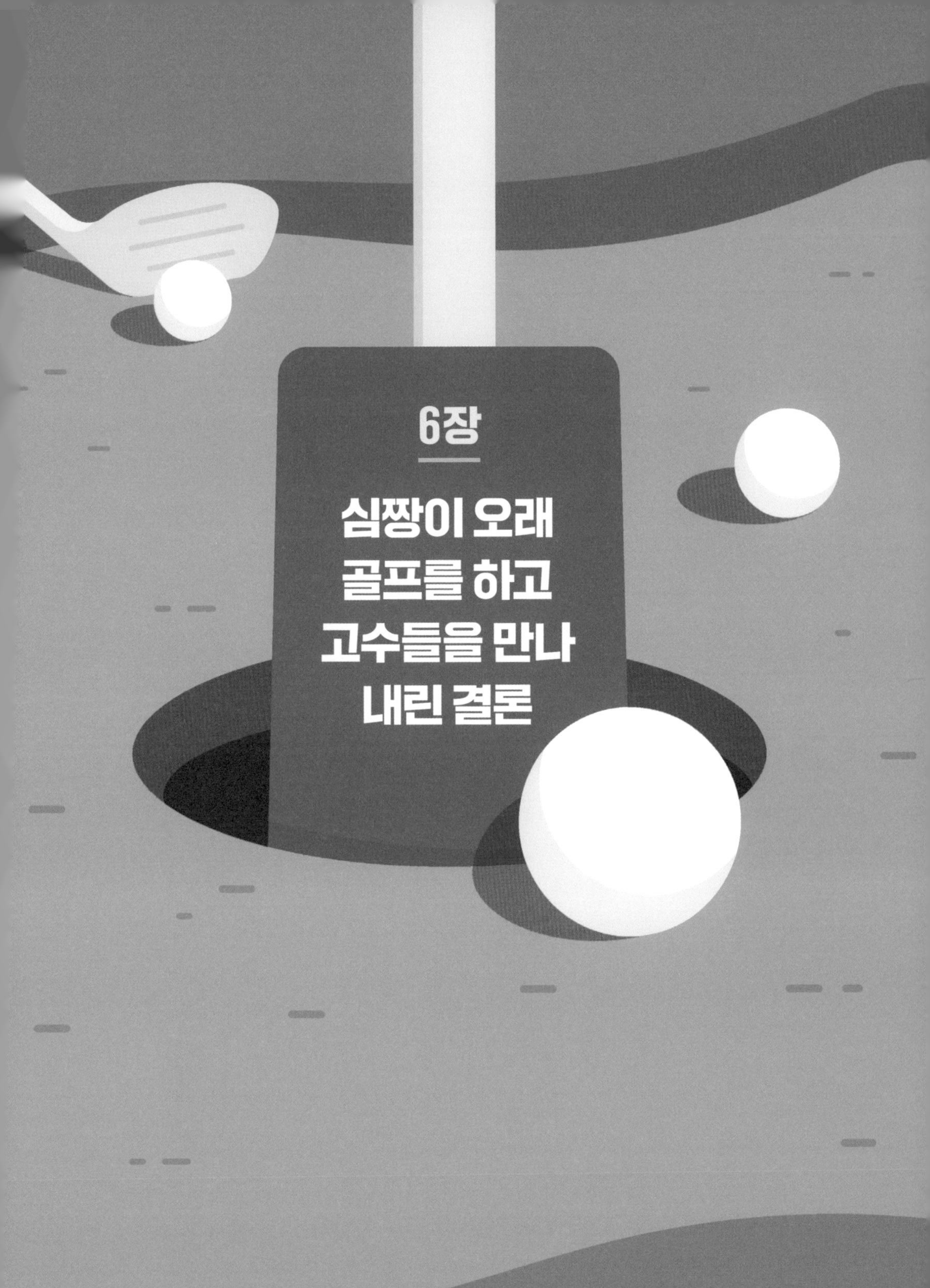
6장
심짱이 오래
골프를 하고
고수들을 만나
내린 결론

열심히 노력하면 장타자가 될 수 있는 걸까요?

장타자의 몸은 확실히 남다르다

심짱은 장타대회를 직접 개최한 적이 있습니다. 이후 스폰서를 찾아 지속적으로 대회 진행을 했었죠. '해외에는 장타대회가 있던데 왜 우리나라는 장타선수를 위한 대회가 없을까' 하고 시작했었는데요, 결과적으로 많은 선수를 세상에 알렸고, 장타의 방식에 대해 많은 사람들에게 알렸다고 생각합니다.

제가 직접 MC를 보고 진행을 했었는데요. 아마 우리나라의 드라이버 장타자는 다 본 듯합니다. 직접 만나보니 장타선수들의 공통점이 있더군요. 즉 장타를 치기 위한 조건이 있다는 것을 알게 되었습니다.

먼저 체력적으로 덩치가 커야 한다는 것입니다. 작은 덩치보단 체중이나 키가 큰 사람이 드라이버 장타를 칠 확률이 높더군요. 당연히 키나 덩치가 작은 사람도 있었지만 최종적으로 우승자들은 덩치가 있었습니다.

스윙적인 부분에서는 모두 지면반력을 사용합니다. 즉 스윙에서는 하체를 이동해 발로 지면을 차면서 스윙을 하는 모습이 공통적이었습니다.

타 종목 운동선수 출신 중에서는 태권도, 야구, 아이스하키 선수 출신들이 장타선수로 나오는 경우를 많이 봤습니다. 몸통회전을 하는 운동을 한 사람들이 골프에서 비거리가 좋더군요. 그리고 그들의 공통점은 팔의 힘이 모두 좋았다는 것입니다.

그럼 드라이버 장타를 치고 싶다면 타고나는 것일까요, 아니면 훈련을 통해서 가능한 것일까요? 심짱은 대부분의 드라이버 장타자들은 타고난다고 생각합니다. 디섐보 같은 경우를 봐도 결과적으로 체중을 늘리고 몸을 만들어서 드라이버 비거리를 늘리죠. 그것이 제일 빠른 길이라고 판단한 것입니다.

장타자가 아니라고 우울해하지 말자

"일반 골퍼들은 장타자 같이 270m 이상의 비거리는 꿈도 꾸지 말아야 할까요?"라고 질문한다면 한 가지 방법은 있습니다. 체중이 늘지 않아도 위에서 말한 한 가지, 즉 지면반력을 사용할 줄 안다면 장타가가 될 수 있습니다.

제 주변에도 키가 작고 체중도 적은데 270m 이상 치는 프로가 있습니다. 지면반력을 아주 잘 사용하는 케이스입니다.

지면반력도 배우면 되겠지만, 심짱 입장에서는 지면반력 역시 타고나는 동작이라 생각합니다. 심짱도 운동선수 출신이고 골프를 20년을 했는데요, 지면반력 동작만큼 어려운 것이 없습니다. 지면반력을 가끔 해보면 분명히 조금은 더 비거리가 나가지만, 이와 함께 오른쪽이나 왼쪽으로도 더 휘어지는 경우가 많기에 몇 년을 연습해도 쉽게 좋아지지 않습니다.

심지어는 장타선수들이 직접 해주는 레슨을 받아보았는데요, 심짱은 다시 태어나야 했습니다. 솔직히 순간적인 비거리는 늘었지만 방향성이 나빠졌기에 지속적으로 할 수 없었습니다.

결국 심짱의 경험으로 판단하건대 '장타자는 타고나야 한다'입니다. 일반 골퍼는 200m 정도가 평균이고, 230m 정도면 비거리가 잘 나가는 수준이라고 생각합니다. 제 경험상 250m까지 칠 수 있습니다. 만약 그 이상의 비거리라면 타고난 장타자라고 칭하면 됩니다.

쉽게 생각해서 여자 투어프로들은 스윙의 기술적인 부분에서 남자프로 못지 않게 완벽합니다. 하지만 250m를 넘기는 여자선수가 많지 않습니다. 그것은 결과적으로 덩치와 근력의 문제인 것이죠.

우리는 다양한 미디어에서 장타자와 관련된 영상이나 레슨을 보는데요, 시범을 보이는 프로나 또는 몇 명의 일반골퍼들이 보여주는 장타를 우리들이 따라한다고 해서 만들 수 있는 비거리는 아니라고 생각해야 합니다. 그것이 되지 않는다고 해서 우리 골퍼들이 우울해할 필요는 없습니다.

장타를 친다고 해서 스코어가 좋은 것은 아니라는 점을 반드시 명심하기 바랍니다. 심짱의 경험상 장타자에게 지는 경우보다는 드라이버 티샷을 안 하고 아이언이나 유틸리티를 사용하는 골퍼에게 지는 경우가 더 많았답니다. 너무 비거리에 욕심을 내다가 심짱처럼 부상을 달고 사는 경우가 없기를 바랍니다.

심짱의 꿀팁!

무슨 운동을 해야 드라이버 비거리가 늘까요? 저나 제 주변의 프로들을 보니 스윙스피드를 기르는 도구가 있습니다. 가벼운 스틱인데요, 그것으로 빠르게 휘두르는 연습을 많이 합니다. 이후 조금 더 무게가 있는 것으로 스윙을 빠르게 연습합니다. 드라이버클럽을 거꾸로 잡고 바람소리가 나도록 휘둘러보는 연습을 한 후에, 이어 드라이버를 정확히 잡고 연습해보시면 비거리가 순간 늘어나는 것을 알 수 있답니다. 이 연습만 매일 해줘도 충분하다고 생각합니다.

스코어가 좋아지려면 어떤 샷을 잘해야 하나요?

그린 직전의 샷을 잘해야 한다

심짱 유튜브의 메인콘텐츠에는 레슨프로부터 투어프로, 그리고 일반골퍼들 중 고수 분들이 많이 나옵니다. 이들의 스코어가 좋았을 때 어떤 샷이 중요한 역할을 했을까요? 여러분들이 먼저 한번 생각을 해보기 바랍니다. 아마 핸디별로 생각하는 것이 다를 것입니다.

100타를 치는 분들 생각엔 드라이버 티샷에서 OB가 나지 않으면 스코어가 좋았을 것이라 생각할 것이고, 90대를 치는 분들은 드라이버, 아이언, 웨지, 퍼터 등 모든 것을 생각할 것이고, 80대를 치는 분들은 그린 주변 숏게임과 퍼팅이라 생각할 것입니다. 그럼 70대를 치는 골퍼는 어디가 잘되면 좋은 스코어를 얻을 수 있다고 생각할까요?

제가 본 골퍼들 중 언더를 치거나 베스트 스코어를 내는 골퍼는 바로 그린 직전의 샷을 잘하더군요. 즉 파4라면 티샷을 한 후의 두 번째 샷을 잘하면 스코어가 좋았습니다. 두 번째 샷에서 아이언을 썼든, 웨지클럽을 썼든 홀에 가깝게 붙이면 버디 아니면 파죠. 심지어 티샷이 왼쪽 혹은 오른쪽 등 좋지 않은 곳에 갔더라도 두 번째가 중요했습니다. 고수는 드라이버로 티샷하는 경우가 많지 않았습니다.

보통 '퍼팅이 스코어에 중요한 역할을 하는 것 아닌가'라고 생각하죠. 맞습니다. 하지만 5m 이상 거리에서 홀에 한번에 넣는 골퍼는 많지 않았습니다. 한번에 넣는 경우는 보통 2~3m 이내 정도여야 확률이 높죠. 즉 스코어가 잘 나오는 날은 아이언샷이 홀에 가깝게 붙는 날인 경우가 많습니다.

심지어 프로대회에서도 평균적으로 드라이버 비거리가 높은 선수보다 아이언 적중률이 높은 선수가 우승을 하는 경우가 많았습니다. 또한 주변의 프로들과 이야기하다 보면 "아이언샷이 홀에 가깝게 붙어서 버디를 쉽게 할 수 있었다"라는 말을 많이 합니다.

아이언샷만 잘한다고 다 되는 건 아니다

그래서 심짱은 조심스럽게 이런 생각도 했습니다. '연습장에 가서 아이언샷만 주로 연습하면 스코어가 좋아지는 거 아니야?'

심짱도 사실 어느 정도는 아이언샷에 비중을 많이 두기는 합니다. 하지만 기본적으로 모든 클럽을 목표 거리를 두고 연습을 합니다. 110~120m

면 피칭웨지로 홀을 보고 연습하고, 점점 거리를 늘리며 클럽을 변경하면서 홀을 보고 샷 연습을 합니다. 그러다 보면 긴 클럽으로 갈수록 홀에서 멀어지면서 공이 왼쪽, 오른쪽 등 다양한 샷이 나오는데요, 그 범위에서 지속적으로 스윙을 교정하면서 연습을 합니다. 또는 필드에 나가기로 했다면 그 코스에서 두 번째 샷을 어떤 클럽으로 사용할지 상상을 해보고 거기에 맞는 클럽을 자주 연습합니다.

그런데 골프가 재미있는 것이 정말 아이언샷만 잘해도 안 되는 것이 있죠. 현실적으로 드라이버로 하는 티샷이 어느 정도는 멀리 가줘야 그 아이언샷도 빛을 보는 법입니다. 심짱도 120m 이하 정도는 홀을 보고 샷을 합니다. 하지만 160m 이상의 거리가 되면 홀에 붙이는 것은 상상만 할 뿐 온그린만 되었으면 하는 바람입니다. 즉 '9번 아이언을 치냐, 6번 아이언을 치냐'에 따라 홀컵에 붙을 수 있는 확률이 달라집니다.

스윙의 완성도가 적은 초보 골퍼라면 아이언샷을 홀을 보고 치는 것이 아니라 '저 멀리 그린이 있다고 하네' 하며 공을 치며, '그린에 올라만 가라' 하고 공을 치는 법입니다. 대부분 그린에 못 올리기 때문에 또 웨지샷을 치는데 그 웨지샷만 잘해도 스코어는 좋은데 말이죠.

심짱의 꿀팁!

앞에서 말했듯이 핸디에 따라 생각하는 중요한 포인트들이 있기 마련입니다. 여러분들이 앞으로 플레이를 할 때 본인의 플레이를 유심히 보시기 바랍니다. 스코어가 좋은 날 또는 안 좋은 날에는 어떤 샷들이 영향을 주었는지 잘 복기해보면 앞으로 어떤 연습에 집중해야 하는지 알 수 있을 것입니다.

아마추어 고수들은 일반 골퍼들과 뭐가 다른가요?

페어웨이를 지킨다

심짱은 필드에서 프로들뿐 아니라 아마추어 골퍼 중 일명 고수분과 공을 칩니다. 아마추어 고수분들 3~4명과 함께 공을 치다 보면 모두의 플레이 스타일이 나오고, 스코어가 좋았던 분들의 공통점을 자연스럽게 알 수 있습니다.

먼저 스코어가 좋았던 아마추어 고수분들의 드라이버 스타일을 보면 평균적으로 비거리가 많이 나갔던 분보다는 비거리가 적게 나가는 골퍼이거나 티샷에서 드라이버를 치지 않았던 골퍼가 결과적으로 좋은 스코어를 냈습니다.

재미있는 점은 아마추어 고수분들이 드라이버에서 방향성이나 남들보다 적은 비거리 때문에 공통적으로 고민하고 있다는 것입니다. 심짱이 경험했던 스코어가 좋았던 고수분들의 드라이버의 스타일을 보면 정말로 비거리는 많이 나가지 않았습니다. 심지어는 드라이브의 방향성마저도 좋지 않았던 분들이 많았습니다. 하지만 OB나 페널티구역을 갈 정도의 심한 휘어짐은 없었습니다.

아마추어 고수분들의 이런 고민에 심짱 역시 많은 공감이 갑니다. 심짱도 사실 비거리가 적은 편입니다. 헤드스피드가 많이 나지 않기 때문에 비거리가 적습니다. 이것이 단점이지만 장점이기도 합니다. 만약 미스샷을 치면 그렇게 많이 벗어나지 않습니다. 헤드스피드가 적기 때문에 잘못 맞아도 많이 휘어지지 않는 것이죠.

예를 들어 300m를 거뜬하게 치는 장타자가 있는데 미스샷으로 오른쪽 2시 방향으로 공이 스타트를 한 경우에는 300m가 날아간다면 결과적으로 OB가 납니다. 그런데 비거리가 200m 밖에 안 가는 골퍼였다면 OB까지는 나지 않습니다. 그래서 헤드스피드가 적다고 하는 분들은 OB가 좀처럼 잘 나지 않습니다.

장타자들은 이런 점에서 불리하죠. 장타자들은 멋지게 공을 잘 치다가도 조금만 벗어나면 결과적으로 OB가 나서 스코어가 좋지 않게 되는 경우가 많습니다.

그래서 장타자 분들 중 페이웨이가 좁거나 컨디션이 좋지 않는 날에는 티샷에서 드라이버보다는 우드, 유틸리티, 아이언을 잡는 경우가 많습니다. 그런 선택을 했을 때 스코어가 좋게 나오는 경우가 많습니다. 그래서 여러분들도 비거리 욕심은 항상 있겠지만 결과적으로 스코어를 좋게 만들기 위해서는 비거리가 짧았어도 티샷에서 페어웨이를 지키는 것이 먼저라는 것을 알아두면 좋겠습니다.

물론 비거리가 많이 나가는 분들 중에서도 페어웨이를 잘 지키는 분들도 있습니다. 그분들은 본인만의 확실한 스윙이 있습니다. 몇 분들은 우리가 알고 있는 이론과는 다른 스윙을 갖고 있었지만 일관성이 좋은 경우가 많았습니다. 그분들은 백스윙이 상당히 작았지만 강한 스피드를 내며 페어웨이에 떨어지는 경우가 많았습니다.

아이언샷은 감탄사 그 자체다

이제 고수분들의 아이언 샷에 대해 이야기해보겠습니다. 사실 여기서 고수는 골프 초보와 확실한 차이, 엄청난 차이가 납니다. 스코어가 좋은 고수의 아이언샷을 보면 '우와' 하는 감탄사가 나옵니다. 마치 투어프로를 보는 것처럼 똑바로 날아갑니다.

당연히 롱아이언으로 갈수록 방향성이 적지만 평균적으로 보면 120m 정도 이내는 거의 홀 쪽으로 날아가는 경우가 많았습니다. 그래서 유심히 살펴보니 하체를 많이 이용하지 않고 꼭 팔로만 치는 듯한 느낌의 스윙이 많다는 공통점이 있었습니다.

그분들은 하프스윙 정도로 백스윙이 짧고, 또한 팔로우스루도 짧게 하는 스윙을 많이 했습니다. 당연히 짧은 거리라 그럴 수 있지만 스윙의 스타일을 보면 무리하지 않는 스윙을 했습니다. 즉 남은 거리가 9번 아이언을 쳐서도 보낼 수 있고 8번 아이언을 쳐서도 보낼 수 있다면, 8번 아이언을 부드럽게 치는 경우가 많았습니다.

그리고 조금 이론과는 다른 경험인데요, 고수들은 아이언 샷에서는 페이드 구질이 좋다고 합니다. 왜냐하면 페이드 구질은 공이 휘어짐이 적고 그린에 떨어지면 많이 굴려가지 않죠. 그래서 보통 프로 같은 경우에는 페이드 구질입니다.

하지만 제가 만나본 고수분들은 의외로 드로우 구질이 있는 분들이 많았습니다. 그들의 스윙을 보면 페이드를 치고자 하는 아웃-인이 아닌 인-아웃의 스윙궤도로 하면서 결과적으로 아주 약하게 드로우가 걸리는 샷을 구사하는 분들이 많았습니다. 이것을 보고 저의 고정관념이 조금 사라지기도 했었죠. 일정한 스윙궤도로 나만의 구질이 일정하게 나오는 것이 중요하다고 생각합니다.

어프로치와 퍼팅은 프로와도 별 차이가 없다

마지막으로 어프로치와 퍼팅입니다. 아마추어 고수들은 숏게임을 프로 못지 않게 잘합니다. 거의 실수가 없다고 봐도 무방합니다. 즉 '고수는 숏게임이 강하다'라고 결론을 내릴 수 있습니다.

고수들의 플레이를 보고 있으면 '얼마나 숏게임 연습을 많이 했을까'라는 생각이 듭니다. 심짱도 숏게임을 잘한다고 듣는 편인데요, 이것은 감각도 중요하지만 경험이 중요합니다. 다양한 경사와 그린 주변의 환경에 대해 이해를 해야 하는 부분이죠. 많이 필드에 나갔고, 연습도 많이 했다고 말할 수 있습니다.

특히 퍼팅 부분에서는 아마추어 고수분들은 거의 프로 수준이라고 할 수 있습니다. 그들은 그린을 읽는 것을 상당히 신중하고 정확하게 합니다. 경사를 홀과 공이 놓아진 곳에서 앞과 뒤와 옆까지 보고, 홀 주변의 경사도 보는 등 아주 세밀하게 경사를 읽습니다. 여러분들도 필드에서 고수들처럼 그린을 읽을 때 아주 세밀하게 보는 습관을 들인다면 점점 퍼팅 실력이 좋아질 것입니다.

심짱의 꿀팁!

아마추어 고수분들을 많이 만나보니, 스윙을 교정하기보다 내가 할 수 있는 스윙을 지속적으로 하는 것이 좋다는 말을 많이 하더군요. 즉 내 스윙이 이상해서 교정을 하다 보면 너무 많은 시간이 걸리고, 또 설령 그것을 교정했다고 해도 또 다른 것을 교정해야 하는데 이것이 너무 많이 시간이 걸리고 그 과정에서 공이 너무 안 맞는다는 것입니다. 그래서 심짱이 만나본 아마추어 고수들 몇 분들은 조금은 개성 있는 스윙을 하고는 있지만 정말 정확하게 공을 치더군요.

골프는 평생 배워야 한다는데 정말 그런가요?

아직도 골프스윙을 교정중인 심짱

심짱은 골프를 20년이나 했는데요, 지금도 골프스윙을 교정합니다. 좀더 비거리를 내기 위해서, 그리고 아이언으로 좀더 정확한 샷을 치기 위해서 매일 고민하고 연습합니다.

예전부터 제 스윙의 문제는 잘 알고 있었습니다. 저는 약간 아웃-인 궤도로 내려옵니다. 아웃-인 궤도가 되면 왼쪽으로 그대로 가거나 또는 약한 페이드가 나죠. 사실 그렇게 심한 정도는 아니기 때문에 그대로 쳐도 되지만, 그래도 더 인투아웃 궤도로 해서 강한 드로우 구질을 만들어 비거리를 더 내고 싶은 욕심이 있죠.

그래서 매일 연습을 합니다. 그러던 어느 날 투어프로들을 만나서 공을 치는데, 많은 선수들이 모두 아웃-인 궤도로 공을 치려고 연습스윙을 하더군요. 왜 그러냐고 물어보니, 너무 인투아웃 스윙이라 아웃인 궤도로 교정하기 위해 공치기 전에 빈스윙을 아웃인 궤도로 연습을 하고 공을 친다고 합니다. 그러면서 하는 말이 쉽게 아웃-인 궤도가 되지 않는다고 합니다. 그래서 고민이라고 하더군요.

'아니, 나는 지금 아웃-인인데 그럼 내 스윙으로 해야 하나'라는 생각에 잠시 잠겨 있었죠. 그리고 '이날까지 연습한 건 뭐야'라는 생각도 했답니다. 몇 명의 투어프로들은 너무 인투아웃 궤도를 연습해서 페이드 구질을 쉽게 못 만든다고 합니다.

골프스윙을 교정하고 바꾸는 과정은 정말 쉽지 않습니다. 하지만 이것은 상급자도, 투어프로도 같은 경우라 생각합니다. 내가 어떤 스윙을 하기 위해 연습을 하지만 쉽게 교정이 되지 않는 것은 모든 사람에게 동일하게 일어나는 것입니다. 그래서 여러분들도 스윙을 교정하는 게 나만 안 된다고 고민할 필요는 없습니다.

레벨별로 진화하는 과정이라고 생각하자

골프스윙은 시대별로 변화하기도 합니다. 제 기억에 유행하는 스윙이 두 3번은 온 듯합니다.

예전에는 골프스윙을 웨글이라고 해서 어드레스 시 손목을 흔들흔들 해주며 긴장을 푸는 동작들을 다 했습니다. 그런데 지금은 그런 스윙을 하는 사람이 거의 없죠. 그럼 이것을 교정하기 위해 모두가 많은 노력을 했을 것입니다. 사실 웨글을 하는 것과 안 하는 것 중에서 무엇이 정답이라고 말할 수는 없습니다.

릴리스(Release)

다운스윙을 지나 임팩트 이후 팔과 클럽이 몸에서 멀어지면서 자연스럽게 펴지는 동작

그리고 예전에는 웨글을 하면서 손목을 빨리 꺾는 코킹 동작이 빠르게 이루어지게 했었죠. 그런 다음 꺾어놓은 상태에서 다운스윙하는 동작을 많이 했습니다. 하지만 지금은 이런 동작을 알려주지 않습니다. 오히려 이것과는 반대로 알려주는 미디어프로도 봤습니다.

요즘 미디어레슨에서 많이 하는 것인데요, 임팩트 구간과 팔로우스루 구간에 손의 릴리스*를 과하게 하지 않고 몸과 회전하는 것을 알려주는 레슨이 많습니다. 당연히 이런 레슨에는 예전 같은 손의 로테이션이 좋지 않다는 말을 하기도 하죠. 이런 레슨을 들어보면 그럴싸 하지만 결과적으로는 본인의 레벨에 맞아야 합니다.

예를 들어 초보 때는 몸에 힘이 많이 들어가는데, 그렇다면 손에서 힘을 풀어주는 동작들을 많이 하면 좋습니다. 옛날에 했던 웨글도 좋고, 또한 임팩트 구간에서 손 로테이션도 충분히 해줘야 합니다. 그래야 공이 오른쪽으로 가지 않습니다.

심짱 레벨에서는 투어프로의 아웃-인을 할 수 없습니다. 투어프로들은 기본적으로 비거리가 많이 나가는 경우라 방향성을 생각하는 스윙을 하죠. 하지만 심짱은 비거리가 중요하기 때문에 드로우 구질이 필요합니다. 어느 정도 비거리가 늘어가면 그 이후 다시 아웃-인으로 교정할 것입니다. 다만 고생을 하겠죠.

여러분들도 골프를 시작하면 평생 배우는 과정을 거치게 됩니다. 이를 레벨별로 진화하는 과정이라 생각하면 좋습니다. 이렇게 배워가는 과정은 결코 쉽지 않지만 모두가 같은 경우라 생각하고 스트레스 없이 즐겁게 배우기를 바랍니다.

심짱의 꿀팁!

골프스윙을 배우고자 미디어레슨을 보고 따라 할 때는 본인의 레벨에 맞는 것을 봐야 합니다. 알려주는 레슨프로가 "이 레슨은 어느 정도 레벨이다"라고 말하거나 또는 "어디 부분에 좋다"라고 말하는 레슨이 좋습니다. 제일 안 좋은 것은 "이것 하나면 다 된다"라고 말하는 레슨입니다. 그건 단지 레벨에 맞춰지지 않은 그냥 콘텐츠일 뿐입니다.

좋은 스코어를 내려면 비거리가 많이 나가야 하나요?

비거리는 많이 나갈수록 좋다

심짱은 플레이에 있어 비거리에 제일 많은 공부를 해왔으며, 지금도 하고 있습니다. 솔직히 비거리는 많이 갈수록 좋습니다.

만약 파4의 코스길이가 350m라면 A라는 골퍼가 티샷에서 비거리로 270m를 낸다면 남은 거리는 80m가 남는 거죠. 그럼 웨지샷을 잡게 되죠. 그럼 핀에 붙을 확률이 높아지죠.

만약 B라는 골퍼가 티샷을 200m 보냈다면 남은 거리는 150m이니 미들아이언이나 롱아이언을 잡아야 합니다. 이때는 핀에 붙이는 확률이 적어집니다.

이처럼 골프에서 비거리는 중요한 부분입니다. 하지만 드라이버 비거리를 늘리기 위해서는 '연습'이란 단어보단 매일마다 하는 '훈련'이란 단어를 쓸 정도로 열심히 해야 하고, 스윙도 완벽에 가까워야 하며, 무엇보다 신체적으로도 좋은 피지컬을 가지고 있어야 합니다.

비거리가 적은 심짱은 어떻게 할까?

심짱은 비거리의 중요성을 잘 알기에 노력을 합니다. 하지만 그래도 쉽게 비거리가 늘지 않습니다. 그 이유 중 제일 큰 것은 신체적으로 좋은 몸을 가지고 있지 않고, 또한 훈련을 매일 하지 못하기 때문입니다. 결국 비거리를 거의 늘리지 못하고 있습니다.

그렇다고 '심짱이 필드에서 스코어가 좋지 않냐'를 본다면 몇 년간 스코어를 보면 10타 이상 친 적은 많지 않습니다. 보통 골퍼들로 본다면 좋은 스코어이며 상급자 스코어입니다.

즉 골프에서 스코어를 내는 데는 오직 비거리만 있는 것은 아닙니다. 조금 적은 비거리가 나오더라도 아이언샷이 정확하거나 어프로치나 퍼팅을 잘한다면 지속적으로 파를 할 수 있고, 간혹 버디도 나와서 좋은 스코어를 낼 수 있습니다.

좋은 스코어를 내기 위해 골프 연습을 한다면 '비거리 연습을 하는 것'과 '퍼팅 연습을 하는 것'을 비교했을 때 퍼팅 연습이 더 좋은 효과를 낼 수 있습니다.

그렇다고 해서 드라이버 비거리를 늘리는 것이 중요하지 않다는 것은 아닙니다. 다만 그것만이 전부가 아니라는 것을 말씀드리고 싶습니다.

또 하나의 문제는 드라이버 비거리를 늘리기 위해서 완벽한 스윙을 알고 있어야 하며, 그것을 봐주는 코치가 필요하고, 또한 큰 스윙에 필요한 체력이 필요하다는 것입니다. 이 노력 대비 효과는 정말 느리게 찾아옵니다. 아니면 끝까지 효과가 안 오고 부상만 남긴 채 끝날 수도 있습니다.

골프는 스코어 게임이라는 것을 잊지 말아야 합니다. 따라서 스코어를 잘 내기 위해 효과적으로 운동해야 합니다.

골프클럽들의 사용 빈도를 알자

보통 골프연습을 하면 먼저 7번 아이언으로 시작해 마지막에 드라이버 클럽을 치죠. 이후 실력이 나아지면 다양한 클럽을 쳐보면서 연습을 합니다. 그렇게 연습을 하는 이유는 결과적으로 필드에 나갔을 경우 또는 스크린골프를 즐길 경우 좋은 스코어를 내기 위해서입니다. 그렇다면 자주 쓰는 클럽을 제일 많이 연습하면 당연히 스코어가 좋아지겠죠.

골프에서 제일 많이 쓰는 클럽은 바로 퍼터입니다. 18홀 중 2번만 사용한다고 하면 36번 사용합니다. 특히 골린이 시절에는 한 홀에서 퍼팅을 3번 이상은 기본으로 합니다. 하지만 우리는 퍼팅연습을 많이 하지 않습니다. 여러 이유 중 하나는 내 스윙이 부족하다고 생각해 계속 스윙연습에 집중하게 돼 다양한 클럽을 잘 사용하지 않기 때문입니다.

골프스윙은 평생 교정을 하고 평생 부족함을 연습하게 됩니다. 너무 집착하게 되면 끝없는 수행길을 떠나게 됩니다. 이제부터라도 효과적인 골프연습을 한다면 여러분들의 골프 스코어가 빠르게 좋아질 것입니다.

골프에서 제일 많은 쓰는 클럽은 퍼터, 웨지 순입니다. 그리고 나머지 클럽을 골고루 사용합니다. 퍼터는 매 홀마다 한 번 이상은 쓰는 클럽이죠. 그 다음은 웨지클럽입니다. 골퍼들이 한 번 만에 그린에 올리는 경우는 없기 때문에 그린 주변에서 자주 사용합니다. 그것도 실수를 안 하면 한 번이지만 실수하면 2번, 3번 사용합니다.

그리고 드라이버입니다. 총 18홀에서 파3를 제외한 14번 홀에서 사용합니다. 하지만 모든 홀에서 드라이버를 치진 않습니다. 코스가 좁거나 왼쪽이나 오른쪽으로 휘어지는 도그렉이거나 앞에 해저드 등이 있다면 드라이버를 사용하지 않습니다. 그래도 매홀마다 사용한다면 14번입니다.

이어 아이언클럽입니다. 아이언클럽은 매홀마다 사용하지만 그날 간 골프코스에서 9번 아이언부터 5번 아이언까지 아이언 중 몇 번 아이언을 사용할지는 홀마다 다르겠죠.

그리고 우드, 유릴리티클럽입니다. 이 클럽은 드라이버를 친 후 거리가 많이 남았다면 사용하는 클럽입니다. 드라이버를 쳤는데 남은 거리가 멀다면 유틸리티클럽이나 우드클럽을 사용합니다.

이렇듯이 사용하는 클럽은 웨지클럽과 퍼터가 월등히 많습니다. 즉 여러분들이 많이 사용하는 클럽들만 더 많이 연습한다면 스코어가 크게 줄어들 것입니다.

이때 중요한 것이 드라이버클럽입니다. 드라이버는 최대 사용이 14번이지만 만약 친 샷이 OB나 해저드에 들어가면 벌타가 있기 때문에 스코어에 큰 영향을 주죠. 드라이버 연습은 필수적으로 매일 하시면 좋습니다.

심짱이 권하는 연습장에서의 연습 방식은 다음과 같습니다. 웨지클럽으로 작은 동작부터 시작해 풀스윙까지 웨지로 진행합니다. 이후 아이언클럽으로 부족한 스윙을 교정하고 연습합니다. 그런 다음 다양한 아이언클럽을 모두 사용합니다. 그리고 우드 또는 유틸리티로 연습 후 마지막에 드라이버 클럽으로 연습을 합니다. 이 순서는 변경해도 됩니다. 단, 중요한 클럽에 연습량을 많이 넣어서 연습하기 바랍니다.

심짱의 꿀팁!

그래도 드라이버 비거리는 중요합니다. 비거리를 위해 미리 체력을 키우면 좋습니다. 하루 5분만 투자하세요. 드라이버 빈 스윙을 빠르게 하루에 10번씩 5세트만 매일 해보세요. 그리고 점점 그 운동량을 늘려보세요. 그것이 제일 빠른 시간에 비거리를 늘리는 방법 중 하나입니다.

아마추어가 할 수 있는 스윙과 할 수 없는 스윙이 있나요?

아마추어의 스윙은 프로의 스윙과 같을 수 없다

골프를 배우면 우리의 스윙 롤모델은 프로선수들입니다. 그런데 저는 골프를 20년 하면서 아마추어 골퍼가 프로선수처럼 스윙하는 사람을 한 번도 본 적이 없습니다. 아마추어의 스윙과 프로의 스윙은 다릅니다.

왜 그런지 한번 생각해보면 선수처럼 매일 몇 시간씩 운동을 할 수 없을 수도 있고, 유연성이 떨어져서 그럴 수도 있습니다. 어릴 때부터 골프를 하지 않아서 그럴 수도 있습니다. 정말 다양한 이유가 있습니다. 바로 이런 것들이 우리가 프로들의 스윙을 따라하지 못하는 이유입니다.

그럼 우리가 하는 동작에는 프로들만 가능한 동작이 있을 것이고, 또한 일반 골퍼는 절대 하지 못하는 동작도 있을 것입니다. 이를 알고 현실적인 연습을 한다면 더 빠르게 골프 실력이 늘어날 것입니다. 무엇보다 어려운 동작을 하다가 다치거나 부상을 입는 경우도 없어집니다.

당연히 지금 말하는 것은 개인별 차이가 있습니다. 매일마다 연습을 몇 시간씩 할 수 있는 분들이거나 몇 년 동안 레슨을 받을 계획인 분들은 문제가 되지 않을 것입니다. 하지만 독학으로 하거나 연습을 일주일에 두세 번 이하로 하는 분들에게는 효과적인 연습법이 필요합니다.

아마추어는 뭘 포기해야 하고, 뭘 해야 할까?

골프스윙에 있어서 모든 것들을 정석으로 배워야 합니다. 단, 프로들도 연습을 꾸준히 하는 동작들이 있습니다. 예로 다운스윙 시 상체와 하체를 분리하는 동작들, 또는 래깅을 많이 주면서 다운스윙을 하는 동작들, 임팩트 시 상체의 각도를 유지하는 동작 등 꾸준한 연습이 필요한 것이 많습니다. 이 부분만 말을 해도 벌써 우리가 못할 것 같은 생각이 들거나 힘들 것 같다는 생각이 납니다. 이외에도 다양한 동작들이 연습을 필요로 합니다.

어려운 동작을 너무 단시간에 만들어내려고 하다가는 효과적인 스윙도 안 되거나, 부상을 당하거나, 한 동작에만 집착해 다른 동작들도 못하게 되는 경우가 많습니다.

골프스윙에 완벽함을 만들려 하지 말아야 합니다. 즉 잘 안 되는 동작은 긴 시간 동안 교정을 해야 하고, 잘 되는 동작들을 더 연습을 해야 합니다. 그것이 효과적으로 골프스윙을 빠르게 익히는 길이고, 스코어를 줄이는 데도 도움이 됩니다.

예를 들어 비거리가 안 나가서 원인을 분석해보니 헤드업 때문에 힘이 분산되어 그런 것이라고 가정해봅시다. 그 동작을 위해 연습할 수 있는 한 시간을 투자하는데 결과적으로 교정이 잘 안 되고, 또 다음에도 잘 되지 않아 비거리도 늘어나지 않았습니다. 결국 잘 안 되는 동작에 많은 스트레스를 받으면서 많은 시간을 소비하게 됩니다.

안 되는 연습에 너무 집중할 필요가 없습니다. 오히려 잘하는 부분을 더 열심히 해 고수가 됩시다.

심짱의 꿀팁!

심짱이 많은 투어 프로들과도 이야기를 해보면 골프에서 공통적으로 중요하다고 말하는 것이 유연성이었습니다. 유연성이 있어야 스윙이 잘 나온다고 합니다. 특히 골반은 회전과 허리 움직임에 중요한 역할을 하기 때문에 항상 골반 쪽으로 유연성을 키워주면 스윙이 잘 만들어진다고 합니다. 여러분들도 골프스윙을 좋게 만들기 위해 골반의 유연성을 키워보세요.

비거리를 갑자기 확 늘리는 방법은 없을까요?

 어제와 오늘의 비거리가 다른 이유

심짱도 비거리에 욕심이 많습니다. 그리고 대다수 골퍼들도 드라이버 비거리를 늘리기 위해 많은 신경을 씁니다.

제가 연습장을 9년 동안 하면서 회원님들의 스윙 과정을 지켜보다 보니 비거리가 확 늘어나기도 하더군요. 200m를 못 치다가 갑자기 220m 이상을 치는 경우도 있습니다. 평균 20m 이상이 하루아침에 늘어나더군요. 어제와 오늘의 비거리가 다를 때 회원님에게 무엇이 비거리를 늘리게 했느냐고 물어봤는데요, 그 몇 가지를 알려드립니다. 제가 레슨을 하며 직접 비거리의 변화를 지켜본 분들의 사례입니다.

아무리 스윙이 좋아도 느리면 비거리가 적다

비거리가 적은 분들은 그냥 살살 칩니다. 드라이버 스윙이든 아이언 스윙이든 살살 칩니다.

어느 날 남성회원 한 분이 7번 아이언을 치는데 100m가 안 갑니다. 제가 보니 스윙을 교정하려고 무언가 빈 스윙을 하고 공을 칩니다. 가서 그분께 물어보았습니다. 무엇을 교정하는 것이냐 물어보고, 또 일부러 살살 치는 건지 물어보았습니다. 스윙궤도를 연습하는 것이고, 일부러 살살 치는 것은 아니라고 합니다. 본인도 거리가 적어 고민이라고 합니다.

할 수 있는 한 스피드를 빠르게 연습스윙을 해보라고 했습니다. 먼저 빈 스윙으로 궤도를 생각하면서 최대한 빠르게 스윙해보라고 했습니다. 그런데 충분히 빠르게 합니다. '그동안 왜 저렇게 안 했지'라는 생각이 들 정도입니다. 그리고 공을 놓고 연습스윙한 것처럼 빠르게 공을 5개만 쳐보라고 했습니다.

처음 한두 번은 잘 맞지 않았습니다. 그런데 세 번째부터는 공이 맞아 무려 130m 이상 날아갑니다. 네 번째, 다섯 번째는 더 멀리 날아갑니다. 그분의 눈에선 저에게 하트를 보내더군요.

그것이 마지막이 아니었죠. 드라이버 비거리가 얼마 가는지 물으니, 똑바로 간 적이 없어 거리를 모른다고 합니다. 몇 번 쳐보니 150m를 조금 넘었습니다. 지금 7번 아이언이 130m를 가는데 드라이버는 훨씬 많이 가야 합니다. 한 번 쳐보라고 했습니다.

첫 번째 샷은 역시나 공을 잘못 맞췄습니다. 두 번째 샷을 치니 170m가 훨씬 넘어갑니다. 그리고 흥이 났는지 또 강하게 칩니다. 이번에는 190m

가깝게 갑니다. 당연히 공은 조금 휘어지기는 합니다. 하지만 이 남성회원은 본인이 이 정도의 비거리를 보낼 수 있다는 것에 놀라며 저에게 계속 눈 하트를 보냈었죠.

연습장에 있다 보면 의외로 많은 분들이 본인의 스윙을 교정하고 연습하느라 빠르게 휘두르지 않습니다. 따라서 대부분 비거리가 적습니다. 비거리를 내기 위해서는 기본적으로 빠른 스윙스피드를 내줘야 합니다. 아무리 좋은 스윙이라도 스피드를 느리게 하면 적은 비거리가 나게 되죠.

여러분들도 비거리가 적다면 일단 빈스윙으로 빠르게 10번만 휘둘려보시고, 그 이후에 공을 5개 쳐보시기 바랍니다. 그럼 분명히 비거리가 늘어나 있을 것입니다.

슬라이스가 나면 비거리는 무조건 적어진다

연습장에서 어느 남성분이 드라이버를 치는데 오른쪽으로만 갑니다. 그리고 200m는 못 갑니다. 계속 지켜봐도 심한 슬라이스 구질로 오른쪽으로 가더군요. 한샷 한샷 칠 때마다 고개를 아래로 떨구며 마음속으로 심짱을 부르는 듯하더군요.

제가 가서 물어보았습니다. 슬라이스가 나는데 그 원인이 무엇인지 알고 있냐고 물어보니, 아웃-인 궤도라 그런 것 같다고 말합니다.

그럼 아웃-인 궤도를 강제적으로 인-아웃 궤도로 만들어보자고 했습니다. 어드레스를 서고 오른발을 아주 많이 뒤로 빼고 스윙을 해보자고 했습니다. 오른발을 뒤로 빼고 하면 스윙이 안쪽으로 되고 다운스윙도 인-아웃

이 되면서 결국에는 오른쪽을 보는 경우가 됩니다. 그리고 몇 번 공을 쳐보라고 하니 그렇게 서 있는 방향으로 잘 갑니다. 즉 아웃-인 궤도의 문제가 아닌 듯합니다.

다시 정상적인 어드레스를 하고 이번에는 클럽 페이스를 닫기 위해 손의 로테이션을 강하게 시켜보았습니다. 먼저 시범을 보여주었습니다. 정상적인 어드레스를 선 다음 작은 스윙으로 하면서 손을 강하게 돌려 20m 정도만 공을 왼쪽으로 가게 만들어보라고 했습니다.

그런데 회원님은 그 동작을 하지 못했습니다. 손을 돌려야 하는데 손을 돌리지 못하니 클럽 페이스가 닫히지 않았습니다. 계속해서 오른쪽으로만 날아갑니다. 즉 회원님은 손에 힘이 너무 들어가 클럽의 로테이션을 하지 못하고 자꾸 공을 맞춘 후 로테이션을 했습니다. 그래서 공을 맞추기 전에 로테이션을 하는 느낌으로 해보라고 하니 드디어 공이 왼쪽으로 갑니다. 생각보다 더 빠르게 로테이션을 해줘야 하는 것이죠.

그리고 점점 스윙을 크게 해보면서 계속해서 왼쪽으로만 공을 쳐보라고 했습니다. 느낌이 왔는지 아주 잘했습니다. 그런데 언제까지 왼쪽으로 쳐야 하냐고 물어보더군요. 그냥 계속해서 큰 스윙으로 왼쪽으로만 힘 있게 쳐보라고 했습니다.

그러다 결국 왼쪽으로 가는 공들이 멈추고 중앙으로 방향이 바뀌면서 비거리가 폭발을 합니다. 무려 220~230m가 날아가기 시작합니다. 그 회원은 어리둥절해하며 계속해서 신나게 공을 쳤죠.

슬라이스는 비거리가 적습니다. 비거리를 내기 위해서는 드로우 구질을 쳐야 하죠. 드로우 구질을 내기 위해서는 인투아웃의 스윙궤도와 클럽 페이스의 조화가 필요합니다. 그래서 구질을 변경하기 위해서는 바로 이 2가지를 항상 점검해줘야 합니다. 나의 문제는 궤도인지 아니면 클럽페이지인지 말이죠.

드라이버 비거리를 계속 늘리고 싶은 마음은 골퍼 모두에게 있습니다. 그 전에 우리는 얼마가 아마추어 골퍼들의 드라이버 평균비거리인지를 알아야 합니다. 심짱이 유튜브의 콘텐츠로 올린 적이 있는데요, 구독자분들의 평균비거리를 조사해보니 남성 골퍼의 드라이버 평균 비거리는 210~220m가 평균이었습니다. 200m 정도 비거리는 나쁘지 않은 비거리였고, 230m 이상을 친다면 멀리 치는 골퍼였습니다. 여성 골퍼의 드라이버 평균 비거리는 150m 전후였습니다. 170m 이상은 멀리 치는 골퍼에 속했습니다. 의외로 적은 비거리인데요, 이것이 골프장에서의 현실적인 비거리라고 합니다. 그러니 너무 과하게 비거리 욕심을 내기보단 남들과 잘 즐길 수 있는 비거리를 내면 충분하다고 생각합니다.

심짱의 꿀팁!

골프의 비거리가 줄어드는 요인 중 하나는 스윙을 교정하는 과정에서의 비거리 감소입니다. 클럽을 휘두르지 못하고 스윙의 모양에 집중하다 보면 힘을 모아 휘두르는 것이 사라지죠. 그래서 어느 날에는 그냥 강하게 치는 연습만 하는 것이 좋습니다. 비거리를 내려면 스윙폼만 중요한 것이 아니라 근력도 필요합니다. 즉 근력을 기른다는 마음으로 강하게 치는 것만 해보기 바랍니다.

필드에서 몇 타를 쳐야 골프를 즐길 수 있을까요?

가능한 스코어를 목표로 삼자

골프에서는 필드스코어가 본인의 실력입니다. 연습장에서 아무리 잘 쳐도 소용이 없습니다. 그럼 우리는 필드에서 몇 타를 쳐야 잘하는 것일까요? 이 부분에 대해 말씀드리겠습니다.

많은 사람들이 골프를 하면서 하는 말이 "프로가 되려고 골프를 하는 게 아니고 남들과 민폐 없이 어울리는 정도만 배우면 된다"고 합니다. 그런데 그 정도가 어느 정도일까요? 사실 "민폐 없이"라는 이 말도 정확한 기준이 없습니다.

골프는 상대적인 운동이기에 민폐 없이 치려면 같이 골프를 다니는 주변 사람들의 스코어가 중요하죠. 내 친구들은 100타 치고 나도 100타 치면 민폐가 아닙니다. 어느 날 부장과 같이 갔더니 다들 80타 치는데 나만 100타 치면 혼자 민폐라고 생각할 것입니다.

그래서 심짱이 조금 그 기준을 정해드리고 싶습니다. 몇 타를 치면 남들과 골프를 즐기는 레벨이 될까요?

먼저 질문을 드립니다. 잘 한번 생각해보기 바랍니다. 직장동료 중에서 70대타를 치는 골퍼가 있나요? 80대는요? 90대는요? 아마 마음속으로 냉정하게 말하면 거의 90타대이거나 100타대가 많을 것입니다. 평균적인 스코어를 보면 보통 80~90타대가 잘하는 골퍼들이고, 평균은 100타대가 많습니다.

우리가 골프를 말할 때는 평균 스코어를 말해야 하는데요, 이것을 핸디캡(Handicap)이라고 합니다. 그래서 보통 "핸디가 얼마냐?"라고 묻습니다. 즉 "평균 타수가 얼마냐?"라는 것이죠.

그래서 우리는 평균적으로 90타대 스코어를 내면 잘하는 골퍼라고 생각해야 하고, 100타 이상이면 평범한 골퍼라고 생각해야 합니다. 만약 80타대 골퍼라면 상급자라고 해야 하고, 70타대를 친다면 그분은 직장 그만두고 골프 관련 일을 해야 할 정도입니다.

여러분들은 100타 이상을 치지만 90타대를 치는 것을 목표로 하고, 80타대가 꿈의 스코어라 생각하시면 골프가 즐거워질 것입니다. 그리고 이 스코어는 가능한 스코어입니다. 가능하지 못한 스코어는 바로 70타대입니다. 그러니 목표를 70타대로 가져가면 골프에 스트레스가 넘쳐 흐를 것입니다.

골프에 너무 비장하면 많은 걸 놓친다

보통 100타대를 치는 골퍼는 평균 골퍼로, 18홀 Par72에서 매홀마다 평균 2타 정도를 더 치면 나오는 스코어입니다. 파4에서 6번를 치는 것이죠. 매홀마다 2타씩 치는 것은 아니니 어느 홀은 보기하고 어느 홀은 양파하고 하면 결과적으로 100타를 살짝 넘기는 것입니다.

우리의 꿈인 '100타 깨기'는 아마 골프 천재라면 1년 안에 할 수 있지만 보통 골프를 꾸준히 해도 1년 후에나 깰 수 있는 스코어입니다. 그 이후 90타대를 친다면 보통 Par72에서 1타 정도 오버하는 스코어입니다. 이 타수는 잘 하는 스코어입니다. 단순 계산에는 매홀마다 1타이지만 현실적으로는 홀마다 파를 계속 하다가 어쩌다 보기하고, 퍼팅에서 작은 거리를 실수하고, 다시 파를 하다가 한 방 크게 휘어서 OB나고 해서 얼추 90타대가 나오는 것이죠. 보통 90타대 치는 분들은 공을 잘 치는 듯이 보입니다. 몇 번의 실수를 하는 정도로만 보이죠.

마지막으로 80타대를 치는 분들을 보면 그냥 다 똑바로 갑니다. 드라이버도, 아이언도 대부분 똑바로 가는데 그린 주변에서 작은 실수만 하는 것이죠. 당연히 드라이버 OB도 나지만 어쩌다 한 번씩 나는 정도입니다. 그냥 프로와 공을 쳐도 질 것 같이 보이지 않습니다.

80타대 정도의 실력까지 가기 위해서는 몇 년 동안 자주 연습을 해야 합니다. 그런데 우리는 이것을 원하는 것이 아니라 지인들끼리 즐길 정도만 생각하고 골프를 시작했죠. 그럼 100타를 깨고, 90타대를 친다면 너무 잘하는 골퍼입니다. 만약 80타대로 들어오려고 한다면 몇 년 동안 골프를 매일마다 연습을 해야 할지도 모릅니다. 그러는 순간부터 우리는 시간과 돈을

막대하게 들여야 하고, 게다가 가족도 버리고 항상 골프를 하러 나가야 하기 때문에 골프를 얻고 많은 것을 잃을 수도 있답니다.

80타대를 위해 비장해지는 그때부터는 골프를 즐기는 것이 아니라 전투를 하듯이 하게 되죠. 문제는 80타대에 들어오면 갑자기 70타대를 상상하게 된다는 것입니다. 그때부터는 취미를 넘어 거의 직업으로 나가야 합니다. 그런데 직업이 되면 즐기는 것이 아니라 스트레스가 훨씬 많아지겠죠.

심짱의 꿀팁!

타수만 생각하고서 골프를 하지 마시기 바랍니다. 필드에서는 내용이 중요합니다. 스코어는 잘 나오지 않았더라도 플레이 내용이 좋았다는 그것으로 만족하고, 함께한 골퍼들과 즐거운 시간을 보냈다는 데 만족하시면 골프가 더욱더 즐거워질 것입니다.

실력이 안 늘어 스트레스가 큰데 어떻게 해야 할까요?

정말 다시는 함께하고 싶지 않은 골퍼

여러분들은 골프를 왜 하세요? 다양한 이유가 있겠지만 즐거운 취미를 위해, 적당한 운동이 돼서 골프를 하는 분들이 많고, 가족들이 해서 또는 지인들이 해서인 경우도 많습니다. 즉 결과적으로 보면 내 주변 사람들이 골프를 해서 나도 골프를 하는 경우가 많습니다.

그럼 주변 사람들이 해서 골프를 한다는 것은 나는 사람들과 어울려서 골프를 한다는 것이죠. 골프는 혼자 할 수도 있지만 기본적으로 사람들과 함께 하는 운동입니다. 그럼 사람들과 함께하는 데 있어서 중요한 것이 무엇인가요?

여기 두 사람이 있습니다. 한 명은 프로선수처럼 골프를 너무 잘합니다. 그런데 잘난 척을 많이 합니다. 그리고 한 명은 백돌이지만 동반자에게 피해를 안 주기 위해 노력합니다.

두 사람 중 누구와 공을 치고 싶나요? 당연히 공을 못 치더라도 백돌이가 더 낫습니다. 골프는 4시간 정도를 함께 플레이를 하고 식사도 해야 합니다. 그 오랜 시간을 자기 이야기만 하는 사람과 함께할 수 있을까요? 그리고 백돌이 골퍼는 시간이 흐르면 실력이 좋아질 것입니다. 당연히 함께하는데 있어서 즐거운 사람과 하는 것이 좋겠죠.

본인이 상급자 골퍼라는 사람과 공을 친 적이 있습니다. 플레이 내내 본인 자랑을 은근슬쩍 이야기합니다. 뭐 그런 위치인 사람이기에 그럴 수 있다고 생각했고, 저보다 연배가 있기에 "네네" 하며 플레이를 했습니다. 그런데 공을 칠 때마다 공을 살짝살짝 건들면서 좋은 위치로 이동시킨 후 샷을 치고, 미스샷이 나오면 본인의 문제보다 골프채의 문제, 골프장의 문제, 그린의 문제를 계속 이야기 했습니다. 저는 그날, 이분과는 다시는 골프를 치지 않겠다고 생각했습니다.

골프도 즐기는 자가 이기는 자이다

골프를 직업으로 하는 분들이 있죠. 바로 프로들입니다. 여러분들은 '프로들이 골프를 잘 하기에 좋겠다'라는 생각도 하고, 부럽기도 할 수 있습니다. 그런데 사실 프로들은 대부분 골프로 인한 스트레스가 무척 심합니다. 그것이 직업이기 때문이죠.

심짱이 2부 투어대회에 몇 번 참여해 함께 선수들과 공을 친 적이 있습니다. 제가 당시에 제 유튜브에 올린 적도 있는데요, 정말 숨소리도 내기 힘들 정도로 조용하고 압박감이 강합니다. 4명이 카트에 앉아 서로 거의 한 마디도 안 하고 18홀을 돌았습니다. 당연히 선수들이니 그럴 수 있습니다. 1부 투어대회는 더 심하겠죠.

역시나 직업으로 하는 경우엔 즐길 수 없는 것이죠. 그런데 저는 선수들도 성장하기 위해서는 더 골프를 즐길 필요가 있다고 생각합니다.

이렇듯이 골프는 공만 잘 치는 것만이 중요한 것은 아닙니다. 세상이치도 마찬가지이지만 즐기는 자가 이기는 것이죠. 골프도 똑같습니다.

사실 위에서 말한 경험은 정말 안 좋은 경험을 말했는데요, 좋은 경험도 당연히 많습니다. 심짱도 20년간 골프를 했기 때문에 정말 다양한 사람들과 공을 치면서 좋은 기억이 있는 분들이 많습니다. 이 분이 부르면 언제든지 감사하게 달려가 함께 공을 치고 싶은 사람이 있습니다. 평생을 함께 골프를 하고 싶을 정도의 우정도 생기게 됩니다. 골프를 통해 평생 친구를 찾을 수 있습니다.

심짱의 꿀팁!

지금 골프를 시작하는 분들은 대개 주변 사람들과 함께하기 위해 골프를 시작했을 것입니다. 그런데 골프를 시작하고 배우면서 골프스윙을 배우느라 스트레스를 받고, 실력이 늘지 않아 스트레스를 받고, 골프장에서 스코어가 안 나와서 스트레스를 받는, 이런 악순환에 빠지면 안 됩니다. 골프라는 운동을 통해 사람들과 즐거운 시간을 보내는 것이 가장 중요하다는 것을 잊어선 안 됩니다.

수많은 미디어 골프레슨은 약인가요, 독인가요?

나에게 맞는 미디어 골프레슨을 시청하자

요즘은 유튜브나 케이블TV 등을 통해 많은 미디어 골프레슨을 볼 수 있습니다. 분명 많은 골퍼들에게 도움을 주고 있지만 "복잡하다"는 말도 많습니다. 동영상이 너무 많다 보니 내가 배우고 싶은 스윙이나 문제점에 대해 너무 다양한 원인과 해결방안을 내놓다 보니 누구 말이 맞는지 더 혼란스러운 것입니다.

미디어프로는 방송인이 아니기 때문에 카메라를 보고 본인이 전달하고자 하는 말을 정확하게 말하는 경우가 드물 수 있습니다. 그래서 보통 인기 있는 미디어 프로들은 대부분은 카메라 앞에서 본인이 하고 싶은 말을 잘 전달하거나 시범이나 표현을 잘합니다. 하지만 많은 프로들이 카메라 앞에서 말을 잘 못하는 것이지 레슨을 못하는 것은 아니죠.

반대로 말을 잘하는 미디어프로가 있는데 내용을 잘 들어보면 너무 흔한 내용이었거나 너무 어려운 동작을 알려주는 경우도 많습니다. 결과적으로 실력은 늘지 않고 머릿속에 레슨지식만 생기다 보니 골프가 더 복잡해집니다.

여러분들이 나에게 맞는 미디어레슨을 찾으시려면, 해결하고자 하는 영상을 보고 직접 그 동작을 해보시면 됩니다. 앞에서 말한 대로 카메라 앞에서 말을 잘하고 못하는 경우가 있습니다. 영상을 보면 말을 잘하는 사람의 영상이 마음에 와닿기 마련이지만 중요한 것은 '알려준 동작을 내가 할 수 있느냐'입니다.

미디어프로가 이 동작을 하면 공이 똑바로 간다고 말했는데, 영상 속의 시범이나 말을 접하면 정말 똑바로 갈 듯합니다. 하지만 그것은 레슨프로의 스윙이지 내 스윙이 아닙니다. 그래서 그 레슨프로가 말한 내용을 직접 해보셔야 합니다. 내가 할 수 있는 동작을 알려주는 프로가 바로 여러분들과 맞는 미디어프로입니다.

미디어레슨은 콘텐츠다

재미있는 일화인데요, 심짱의 유튜브에서 장타레슨을 받은 적이 있습니다. 심짱의 비거리를 늘리는 레슨프로를 모집해 직접 레슨을 받는 콘텐츠를 찍었는데요. 대부분 미디어레슨을 찍는 분들이 신청했죠. 많은 분들에게 레슨을 받아보았는데요, 보신 분들은 아시겠지만 결과적으로 심짱의 비거리를 눈에 띄게 늘린 분은 없었습니다.

그 당시에 많은 유튜브 콘텐츠에서 무엇만 하면 20~30m가 늘어난다는 비거리 레슨과 300m를 보내는 비거리 레슨이 많았습니다. 그런데 심짱의 이 콘텐츠가 나온 이후에 비거리 관련 내용의 콘텐츠가 유튜브에서 많이 사라졌죠.

'미디어레슨은 콘텐츠'라는 사실을 잘 알아두셔야 합니다. 콘텐츠에서는 이것만 하면 내 스윙이나 비거리 등이 대단히 달라진다는 내용이 많은데요, 그 콘텐츠를 촬영한 레슨프로가 현실에서도 회원을 보면서 그렇게 말할 수 있을까요? 절대 그렇지 않습니다.

현실에서는 레슨프로가 회원들에게 "10분 레슨을 받으면 몇십 미터가 더 날아갑니다" 또는 "슬라이스가 10분만에 레슨으로 교정됩니다"라고 절대로 말하지 않습니다. 즉 콘텐츠의 레슨을 맹신하기보다는 직접 그 동작을 해보셔야 합니다.

하지만 미디어레슨의 장점도 분명히 있습니다. 단, 이것도 현실과 비교를 해야 합니다. 보통 현실에서 레슨을 받으면 내가 궁금한 것을 아주 상세하게 안 알려줄 수 있습니다. 왜냐하면 레슨프로가 생각하는 중요한 것이 있을 것이고, 레슨 시간의 제약도 있기 때문이죠. 그런데 레슨을 받으면서도 다양한 궁금증이 생깁니다. 하지만 질문을 하기엔 참 애매한 경우가 있습니다. 이럴 때 미디어레슨을 보면 애매한 부분에 대해 아주 상세하게 알려주는 경우가 많습니다.

미디어레슨, 이런 기준을 갖고 활용하자

여러분들이 미디어레슨을 충분히 이해하고 시청한다면 효과가 좋을 수 있습니다. 하지만 자칫하면 스윙이 더 흔들릴 수도 있습니다. 볼 때는 쉬워 보이고 이해가 됩니다. 그리고 연습장에서 그 방식을 연습하면 무언가 되는 것 같기도 하고 아닌 것 같기도 합니다. 며칠이 지나면 다시 본인의 스윙과 새로운 스윙이 섞이면서 조금 혼돈스러운 스윙이 나오게 되죠.

제일 좋은 것은 나의 동작을 찍는 것입니다. 그리고 미디어레슨에서 추구하는 동작과 같은지 비교해보는 것이 제일 좋습니다. 막상 영상을 찍어보면 미디어레슨이 추구하는 동작과 많이 다른 경우가 있습니다.

골프스윙은 느낌과 리얼로 나누어집니다. 내 느낌에는 좋은데 결과적으로 보면 다른 스윙을 하고 있는 경우가 많습니다. 그래서 추구하는 스윙은 더 과장되게 연습해야 진짜 스윙 때는 비슷해집니다. 그래서 조금 경력 있는 미디어레슨 프로들은 그런 것까지 생각해서 조금은 과하게 동작을 알려줍니다. 그러다 보면 그것을 보고 따라하는 분들이 진짜로 좋아지는 경우가 생깁니다.

또 다른 방법은 미디어레슨을 해준 프로에게 점검차 원포인트 레슨을 받아보는 것입니다. 하지만 미디어레슨과 현실레슨은 차이가 있다는 점을 알고 레슨을 받아야 합니다. 너무 큰 기대를 갖고 레슨을 받으면 실망이 생깁니다. 미디어레슨의 제목처럼 10분 안에 모든 것이 해결되지는 않을 것입니다. 현실은 현실이기 때문이죠. 너무 큰 기대를 하기보다는 그냥 스윙을 점검해본다는 차원이면 좋겠습니다.

미디어레슨은 단번에 내 문제를 해결해주지 않습니다. 내가 궁금한 것을 아주 디테일하게 배울 수 있는 곳으로 생각하면 좋겠습니다. 중요한 것은 내 실력을 늘리는 것인데요, 내가 할 수 있는 동작을 배우고 연습을 통해 골프 실력을 늘리는 것이 최고의 길입니다.

심짱의 꿀팁!

미디어레슨을 볼 때는 연습방법을 알려주는 영상이 좋습니다. 우리는 나의 잘못된 동작을 모르는 것이 아니라 그 동작을 못하는 것이 문제지요. 그래서 잘못된 동작을 말하는 레슨보다는, 그것을 교정하기 위해 우리가 해야 하는 연습동작들을 알려주는 프로가 있다면 여러분들에게 도움이 되리라 생각합니다.

나오며

골프를 오래 하면서 느낀 점 3가지

20년간 골프를 해보고, 유튜브를 통해 나름 성공한 유튜버라는 소리를 듣고, 다양한 콘텐츠와 다양한 골퍼들을 만나면서 느낀 내용들을 다음과 같이 정리했습니다. 이왕 시작한 골프를 그래도 잘해서 성취감을 느끼고 싶다면 다음의 3가지를 꼭 기억했으면 합니다.

시니어 프로들의 스윙을 롤모델로 하자

우리는 골프레슨을 받으러 가면 레슨프로가 알려주는 대로 스윙을 배웁니다. 그럼 우리가 배우는 스윙은 누구 스윙이고 어떤 이론의 스윙인지 궁금할 수 있습니다. 그것은 레슨프로마다 철학이 있을 것이고, 결과적으로는 우리는 프로선수들의 스윙을 모델로 골프를 배웁니다.

그런데 왜 주변에서 거의 단 한 명도 프로처럼 스윙하는 사람이 없을까요? 또는 언더를 치고 있는 아마 고수분들도 프로 같은 스윙이 없습니다. 골프를 30년 했다는 분들도 프로 같은 스윙은 안 됩니다.

여러 가지 이유 중 제일 큰 것은, 프로선수는 어릴 때부터 운동을 했다는 것입니다. 어릴 때부터 운동을 하면서 몇 시간 이상 연습스윙과 함께 근력운동을 하고, 무엇보다 유연성이 좋은 시절부터 골프를 시작했기에 성인이 되어서도 그것을 계속 유지하는 스윙을 할 수 있습니다.

프로 골퍼들의 스윙을 보면서 "핑핑 잘 돌아간다"라고 흔히 말하죠. 하지만 일반 골퍼는 근력과 유연성이 적기에 핑핑 잘 돌아가는 게 가능하지 않습니다. 즉 우리가 너무 프로들의 스윙을 따라 하다 보면 안 되는 동작을 열심히 배우게 되고 시간이 흐릅니다. 문제는 그 동작을 따라 하다가 많이 다치게 된다는 것입니다.

"그럼 누구의 스윙을 모델로 하면 좋을까"라고 질문한다면 저는 시니어프로들의 스윙을 따라해보는 것이 좋다고 생각합니다. 프로로 활동하다가 50세가 넘어서면 시니어대회를 나가게 되는데요, 그분들의 스윙을 보면 현역 때의 스윙과는 다른 모습이 있습니다. 하지만 슬로우모션으로 보면 기술적으로 아주 훌륭합니다. 다만 나이가 들어 유연성이 떨어져 흔히 말하는 핑핑 돌아가는 멋져 보이는 스윙이 아닐 뿐입니다. 하지만 시니어프로들은 그 자체로 완벽한 스윙이기에 시니어프로들을 롤모델로 하다가 조금 더 욕심이 나면 현역 프로들을 롤모델로 해 스윙을 배우면 좋을 것입니다.

골프를 잘하려면 체력은 필수다

주변에 보면 골프를 잘하는 사람들이 많습니다. 심짱은 일명 아마추어 고수라는 분들과도 공을 많이 쳐보는데요, 함께 공을 치다 보면 그 실력에 대해 물어보기도 합니다.

모두가 하는 이야기는 "연습을 많이 한다"고 합니다. 공감되는 말이지만, 그래도 연습만 열심히 한다고 해서 싱글스코어를 쉽게 하는 것은 아니지요. 당연히 숏게임이 좋아야 하지만, 상급자들은 모두 비슷한 레벨입니다. 결과적으로는 비거리 차이에서 스코어에 영향을 줍니다.

그래서 개인적으로 분석을 해보니 공통점들이 있었습니다. 제일 큰 것은 바로 체력입니다. 골프를 잘하는 사람들은 대부분 체력이 좋습니다. 흔히 "덩치가 좋다"고 말하기도 합니다. 체력이 좋기에 비거리가 다른 사람보다 멀리 가고, 마지막 18홀에서도 체력이 남아 있는 경우가 있습니다.

우리는 성인이 되어 골프를 배우는 경우가 많은데요, 모든 사람들이 좋은 체력을 가지고 있는 것은 아닙니다. 또한 평생을 특별한 운동을 해본 적이 없는 분들도 많습니다.

하지만 골프스윙을 배우는 과정에서는 체력이 중요합니다. 골프를 시작한 분들은 아시겠지만, 골프를 시작하는 몇 달 동안은 체력의 중요성을 많이 느낍니다. 결국 기초적으로 체력이 있는 분들이라면 레슨프로가 요구한 동작을 조금 더 수월하게 해낼 것입니다. 그리고 결과적으로 이것은 비거리와 연결될 것입니다.

사실 아마 고수들이나 주변의 투어프로들을 보면, 대체로 덩치가 있고 몸이 단단합니다. 즉 골프를 잘 하기 위해서는 연습을 많이 해야 하고, 연습을 지속적으로 할 수 있는 체력과 동작을 잘 소화해내는 체력이 필요합니다. 그 결과로 다른 골퍼보다 비거리를 멀리 보내는 능력이 생깁니다.

골프를 잘 하기 위해서는 근력이 좋아야 하고, 부족하다면 별도의 훈련을 해줘야 한다는 결론이 나옵니다. 하지만 일반 골퍼들이 선수가 될 것도 아니니 별도의 체력훈련까지 하기는 힘듭니다. 하지만 비거리가 고민이고 스윙의 완성도를 높이고 싶다면 체력은 필수라는 결론과 만나게 됩니다.

골프는 멘탈이 중요하다

골프는 주변의 영향을 많이 받습니다. 주변 사람들의 말이나, 중요한 상황일 때, 날씨나 공이 놓여진 환경 등에 따라 스코어가 달라집니다. 하지만 그 와중에도 잘하는 골퍼는 잘 하죠. 이런 골퍼는 실력도 좋지만 공통점은 바로 멘탈이 강하다는 것입니다.

"공을 치다가 주변에서 누구가가 흔들리는 말을 해서 내 스윙이 안 됐다"라는 말을 하는데요, 누군가의 말에 흔들린다는 것은 멘탈이 약한 것입니다. 또는 필드에서 좋은 스코어를 내다가도 회사에서 온

전화를 받고 나서 흔들리는 경우도 있습니다. 중요한 샷을 할 때나 또는 비나 바람에 흔들리는 경우도 많습니다. 이런 것들은 모두 다 멘탈과 관련 있는 것이죠.

사실 이런 부분은 경험으로 해결됩니다. 경험이 쌓이면 멘탈에 더 집중을 해서 공을 칩니다. 골프대회에서 많이 우승한 사람이 다시 우승을 한다고 합니다. 기술적인 문제보다는 긴장감이 있을 때 얼마나 멘탈을 부여잡고 집중하는지가 좋은 샷으로 나옵니다.

심짱이 최경주 프로님에게 직접 물어본 내용입니다. PGA 대회에서 우승을 하기 직전의 중요한 샷들을 하려면 긴장감이 있을 듯한데 어떻게 극복하냐고 물어보았습니다. 최경주 프로님이 말씀하시길, 중요한 샷이 있을 때는 근육에 긴장감이 들고 호흡이 빨라진다고 합니다. 그럴 때는 스윙이 작아지는 경우가 생기고, 또 스윙이 빨라지는 경우도 생긴다고 합니다. 그럴 때일수록 조금 더 부드러운 스윙을 해주고, 동작을 작게 하지 않으려고 노력해야 한다고 합니다. 바로 이런 것들이 경험이라고 합니다. 우승을 해본 선수는 우승 경험이 있기에 본인의 스윙의 루틴을 잘 지키며 샷을 하기에 중요한 순간에도 실수가 적다고 합니다. 즉 하던 대로만 하면 되는데 긴장감이나 환경의 변화 때문에 안 하던 행동을 한다는 것이죠.

여러분들도 골프를 하실 때 무언가에 흔들리더라도 내가 하던 대로 무덤덤하게 플레이해주시기 바랍니다. 골프에서 멘탈은 아무리 강조해도 지나치지 않습니다.